ブックレット・ボーダーズ

No. 9

ツーリズム　未来への光芒

伊豆　芳人　編著

JN062739

特定非営利活動法人 国境地域研究センター

ブックレット発刊によせて

二〇一四年四月、総合的なボーダースタディーズ（境界・国境研究）の振興を目的とした民間の研究所として特定非営利活動法人・国境地域研究センター（ＪＣＢＳ：Japan Center for Borderlands Studies）が誕生しました。世界では、北米を本拠とする境界地域研究学会（Association for Borderlands Studies）、移行期の境界地域ネットワーク（Border Regions in Transition）などの活動が知られてきましたが、我が国には北海道大学グローバルＣＯＥプログラム「境界研究の拠点形成」が始動するまでボーダースタディーズのコミュニティは存在しませんでした。これは海に囲まれた島国・日本に暮らす私たちが境界・国境の問題に長年、無自覚であり、いわば内向きの歴史を積み重ねてきたこととも無縁ではありません。

近年、国際情勢の変動のもと、私たちの意識も大きく変わりつつあります。二〇一一年一一月には、境界・国境地域の実務者と研究機関を結ぶ境界地域研究ネットワークＪＡＰＡＮ（ＪＩＢＳＮ：Japan International Border Studies Network）が設立、また二〇一三年四月、北海道大学スラブ研究センター（当時）に境界研究ユニット（ＵＢＲＪ：Eurasia Border Research Unit, Japan）が設置されるなど、大学・自治体間の連携が強まっています。我が国の将来を見据えたときに、境界・国境問題に対する世界的な研究・実務の経験を学ぶこと、これら知見をもとに私たち自身の境界問題を考えること、さらには境界地域に暮らす人々の目線で地域の発展を模索すること、これらすべてが喫緊の課題になっていると思われます。境界をめぐる様々な問題に関する視座と知識の涵養のため、国境地域研究センターはブックレット・ボーダーズをここに刊行することにしました。本ブックレットがひとりでも多くのみなさんに境界地域のあるがままの姿やその未来への可能性をお届けできる一助になれば私たちの喜びとなります。

国境地域研究センター・ブックレット編集委員会

目次

はしがき

ＮＰＯ法人国境地域研究センターのブックレット・ボーダーズも九号を刊行する運びとなりました。これまで研究者やジャーナリストなどが編集することの多かった、このシリーズですが、今回はまったく趣向が違います。観光の現場で実践してきたみなさまをお招きしての一冊となりました。

思えば、ブックレット・ボーダーズ創刊号は、国境のしま・対馬の観光づくりがテーマでした。以後、すべての号も、様々な地域の歴史や文化を扱いながらも、どこかで観光の手引きとなるような本づくりを目指してきました。このシリーズが、ボーダーツーリズム（国境観光）の実践と常に連携するかたちで刊行されてきたことを思えば、ツーリズムそのものを取り上げる企画が生まれるのは自然のなりゆきともいえます。

ボーダーツーリズムがここまで日本で成長したのは、当時、ＡＮＡセールスで顧問をされていた伊豆芳人さんの存在ぬきにはありえません。ビッグホリデー（株）に事務局を置き、自治体や旅行会社、各種キャリアなどを束ねるボーダーツーリズム推進協議会を伊豆さんのイニシャティブのもと、本センターもツアーに参加する市民のゲートウェイとなり、ともにこの新しい旅のかたちを盛り上げてきました。コロナ禍でツアーの造成は小休止せざるをえない二年間でしたが、そうであるからこそ、この時期に、いまの日本の観光業（とくに航空に関わる旅行産業）を育てて来られ、業界の「生き字引」ともいえる伊豆さんに、観光をめぐる光と影を率直に語ってほしいと考えました。

本ブックレットは、ツーリズムの過去を振り返りつつも、これからの展望を示そうとする、実務者たちのメッセージを編んだものです。旅行業界の舞台裏を眺めつつ、ともにその未来への道筋を読者のみなさまと一緒に考えることができればと願っています。そう、旅はみちづれですから。

（岩下明裕）

3 年ぶりの 国境マラソン IN 対馬（2022 年 6 月 26 日）
提供：井出晃憲（上）／吉田浩正（下）

※なお、本文中の写真などで特に明記されていないものは、主に各執筆者及びＤＴＰ編集者による提供、もしくはフリーの素材である。

※この地図は日本の領域すべてをカバーするものではない

本ブックレットに登場する主な地名・施設など

刊行によせて

二一世紀にはいり、日本のツーリズム、つまり観光業は一躍、光を浴びた。しかも日本の「立国」の主役産業として期待され、華々しく強いスポットライトを。二〇〇三年一月の小泉純一郎《こいずみじゅんいちろう》首相による「観光立国宣言」が端緒であった。その後の進捗は驚くほど速かった。四月からはビジット・ジャパン事業が開始され、二〇〇六年には観光立国推進基本法が成立、二〇〇八年には観光庁も設置されるなど一気に体制が整っていく。訪日旅行者数や観光消費額などの数値目標も具体的に設定された。

■観光立国推進基本計画（二〇〇七年）での数値目標（抜粋）

・訪日外国人旅行者数
二〇一〇年までに一〇〇〇万人　（二〇〇六年は七三三万人）
↓一〇〇〇万人達成は二〇一三年

・国内における旅行消費額（訪日旅行と日本人の国内旅行の合計）
二〇一〇年までに三〇兆円（二〇〇六年は二四兆円）
↓未達成（最高値は二〇一九年の二八兆円）

・日本人の海外旅行者数
二〇一〇年までに二〇〇〇万人（二〇〇六年は一七五三万人）
↓二〇〇〇万人達成は二〇一九年

当時、「ＹＯＫＯＳＯ　ＪＡＰＡＮ！」と手を広げる小泉首相が出演したテレビＣＭをアジアへの出張中に何度か現地で観たことを思いだす。国内のメディアも、外国人観光客で賑わう日本各地の観光地を紹介していた。

数字を検証すると訪日外国人旅行者数はコロナ禍前の二〇一九年に三一〇〇万人を超えてマスコミも大きく報道したが、旅行消費額は伸び悩み、国際相互交流の拡大を目的とした日本人の海外旅行者数が目標を達成したのも二〇一九年であった。特に観光消費額については都市部での買い物を中心とした「もの消費」の限界も見えて、各地域での文化体験などの「こと体験」へのシフトの必要性が叫ばれていた。その矢先、一〇〇年に一度のイベントリスクとされる「（新型）コロナウイルス・パンデミック」が直撃する。そしてコロナ禍は世界の国境を越えた交流をほとんど止めてしまった。

コロナ禍によるツーリズムの停滞は、二〇二二年、三年目に突入した。日本では観光立国への一歩一歩の道のりが光り輝いていただけに、コロナ禍に沈む現状は「影」そのものに見える。観光大国にはナイトライフの充実が不可欠などと言われていたことが嘘のようだ。光が強ければ強いほど影も濃い、と俗に言われるが、まさにその通り。ツーリズムが「すそ野が広い」産業、つまり、旅行者は食事をし、お土産を買い、イベントに参加するといった幅広い経済波及効果をもつ産業であるがゆえに、世界の交流が止まった影響が、航空会社、旅行会社、ホテル・旅館業だけにとどまらないことは言うまでもない。日本のみならず世界中がいま、交流の止まる恐ろしさ、経済への影響、社会生活への影響の試練を体験している。

だが、本ブックレットは、三年目を迎えているコロナ禍の先に見え隠れし始めた「光芒」を書くことだけを目的としていない。長いツーリズムの歴史にも、そして誰もが賛成し進めてきた「光り輝く」観光立国への歩みのなかにも「影」といえる課題があったのではないか。コロナ禍により、踊り場で立ち止まっているようにみえる今だからこそ、ツーリズムの「影」も光とともにとらえ、今後の糧にすべきではなかろうか。

そうしてこそツーリズムの未来への光芒が鮮明になってくるのではないか。この思いを胸に研究に関しては素人にすぎない私はブックレットの編者を引き受け、企画を考えた。

二〇二二年は沖縄県の「本土復帰五〇年」にあたる。復帰後、一挙に増加する沖縄の観光客数は、二〇一八年、世界のリゾートの先端たるハワイのそれを超え、アジア有数のリゾート地までに至った。だが同時に、沖縄は基地の島であり、子供たちや若者が遊ぶ「美ら海《ちゅらうみ》」の向こう、東シナ海には尖閣諸島もあり、沖縄は日本防衛の最前線、ボーダースタディーズでよくいわれる「砦」の役割をも担う。光と影が混在するのである。それは日本の多くの国境・境界地域が同じである。

私はツーリズムの世界に四〇年間、身を置いたが、その経験はマスツーリズム（大衆観光）だった。数年前NPO法人国境地域研究センターが手掛けるボーダーツーリズムを知り、同時に、国境・境界地域の光と影も知ることとなった。そして国境・境界地域を「行き止まり」ではなく、その先の地域との交流の「ゲートウェイ（出入り口）」と捉えることでボーダーツーリズムのみならず国境・境界地域そのものの光芒を見出すことができたのである。

その昔、異業種交流の会で講演を行った全日空グループのある先輩が憤慨していたのを思い出す。異業種の役員経験者が持ち回りで講演をするこの会で、先輩は司会者から「今日は観光の話です。軽くて……楽しい……テーマです」と紹介され、憤慨していた。

そう、観光業は良くも悪くも軽いイメージをもたれていた。いまもそうだろう。だが、その「軽い」観光業がいまや立国の主役として誉めそやされている。

思えば、昭和の終わりのバブル経済は土地への絶対的な信頼、永遠につづくかのようにみえた地価の高騰への依存により、始まった。観光立国への歩みも「観光」への無条件な信頼や立ち止まって考えることを許さない「空気」に満ちていたようにも思える。しかしバブルは必ず壊れるのである。

このブックレットが、日本の観光立国への道筋にこれまで気がつかなかった何かを、読者に気付かせるきっかけとなることを願うとともに、いまコロナ禍で凍結されているボーダーツーリズムの今後の可能性を伝えることが叶えば幸甚である。

とはいえ、私の限られた経験だけでは視点や知識があまりにも不足しているので、ツーリズムに深い愛情を持っている多種多様なキャリアを持つ方々の執筆を依頼した。

執筆者の皆様には心より感謝申し上げます。

（伊豆 芳人）

I　ツーリズム小史・その光と影

私はサラリーマン時代を全日空グループの旅行会社で過ごした。旅行に使う交通手段は飛行機、それも全日空グループの飛行機だけ。何しろ、東京から京都へのツアーでも、新幹線を使わず羽田《はねだ》・伊丹《いたみ》路線を使うという偏った業務を経験していた。同時にまた、航空機を使ったマスツーリズム（大衆観光）が急拡大し、日本の旅行形態が団体旅行から個人旅行へとシフトしていく一九七〇年代後半から一九八〇年代の渦中におり、インターネットにより旅行商品の流通が激変する過程も目の当たりにした。観光の歩みについて、以下、私見を述べたい。

「観光」の語源

「観光」という言葉には「光」の一文字がある。ツーリズム入門風に書けば、「観光」の語源は中国の『易経《えききょう》』に由来する、となる。「観国之光　利用賓于王」（国の光を観《み》るは、もって王の賓《ひん》たるによろし）を典拠とし、意味は「他国の優れた部分を見たり、学ぶことは王の近くにいる存在として役に立つ」とされる。私は『易経』への造詣が深くはないが、ツーリズムの講義では、「光」とは「素晴らしいところ、素晴らしいこと、豊かな人々の暮らし」。海外旅行とは「他の国の光を観る」、インバウンドとは「自らの国の光を観せる」と説明する。

日本では、江戸末期にオランダから寄贈され、日本初の蒸気船となった「観光丸」から言葉が定着したともいわれる。思えば「観光丸」は、江戸湾の観光用ではなく、幕府の訓練船であり、蒸気船を作った西洋を「光」とみなせば「観国之光」からの命名は確かに腑に落ちる。現在の観光立国政策の理念も「住んで良し、訪れて良しの国づくり」だ。これは、日本各地の豊かで素晴らしいところを再発見し、整備し、観光資源として創造し、内外に発信するというたい文句とつながる。ただこの場合の「観光」とは、レジャー、レクリエーション、休暇など、いわゆる〝sightseeing〟よりは広い意味があることを付記しておこう。

ツーリズムを日本語に直せば、観光を含む旅行産業とするとわかりやすい。観光は旅行の一分野だ。国連世界観光機関（World Tourism Organization、UNWTO）は、二〇一九年の世界の海外旅行者総数のうち、観光目的が五五%、ビジネス目的が一一%と推定している。意外に多いのがVFR（Visiting Friends and Relatives）、友人や親族の訪問、宗教や医療目的の旅行であり、これが二八%を占める。観光を産業としてみれば、経済規模が前提となり、その規模を大きくし、成長させることも必要となる。

二〇二一年はコロナ禍で中止

易経（周易）1724年　北海道大学附属図書館所蔵

となったが、毎年開催されていた「ツーリズムＥＸＰＯジャパン」。これは「大交流時代」の下、世界をリードする産業たるツーリズムの「輝いた」万博であり、二〇一八年には世界各国からのツーリズム関係者を含む約二〇万人が来場し、会場は熱気に包まれていた。私が会長を務めるボーダーツーリズム推進協議会も二〇一七年、二〇一八年に参加し、新しい旅のかたちとして業界紙にも紹介された。

　ところで、旅の原初を思えば、聖地への宗教による「巡礼の旅」からこれは始まり、一七世紀初頭になると英国の青年貴族たちによる放蕩修学旅行、つまり「グランドツアー」がブームとなる。日本でいえば、江戸時代の「参勤交代」がまず思い浮かべられるだろう。忘れてならないのは、江戸時代にほぼ六〇年周期で爆発的に流行した「伊勢《いせ》まいり（おかげまいり）」だ。「伊勢まいり」には参拝者の世話をした御師（おし、おんし）という職種もあり、おみやげも買い、土産は宮笥《みやけ》（笥は供物を入れる器）が語源ともいわれる。江戸の観光といえば、見世物小屋の木戸銭《きどせん》（入場料）、江戸に向かう街道や宿場の整備。後者は特に食事付きで泊まれる旅籠《はたご》の誕生が重要だが、食料は旅人が持参し、煮炊きする薪代（木賃）だけで泊まれる木賃宿《きちんやど》なども広がる。移動については徒歩が中心だったとはいえ、駕籠《かご》や帆船などの輸送手段もあった。要するに、江戸時代においても、ある程度の経済規模があったといえる。だが、ツーリズムが産業として成立するには、やはり旅行会社の存在抜きにはありえない。そこでそのパイオニアたる旅行会社トーマス・クック社を紹介したい。

参勤交代

トーマス・クック社

二〇一九年九月二三日、世界最初の旅行会社であるイギリスのトーマス・クック社が破産した。このニュースに、日本の旅行業界も衝撃を受けた。創業者の名前をつけたこの会社は一八四一年、日本の江戸時代末期に設立されている。当時、イギリスは産業革命で蒸気機関車が発明され、人間の活動範囲が拡大し、そのスピードも画期的に早くなっていた。ではトーマス・クック社は、なぜ世界最初の旅行会社とされるのか？　トーマス・クックは何をしたのであろうか？

　イングランド・ダービーシャー州生まれのトーマス・クックはキリスト教最大教派のひとつであるバプティスト信徒だった。三〇歳を過ぎたころ、クックは禁酒運動の大会へ参加するバプティスト信徒を募集することを思いつく。彼は、鉄道会社とかけあって臨時列車の手配を行い、ランチ付きの日帰り旅行を仕立てた。その数約六〇〇名、鉄道会社に交渉することで団体割引での切符の購入を実現する。言い換えれば、団体旅行を「募集」し、旅に必要な切符などを旅行者の代わりに「手配」し、「割引」という購

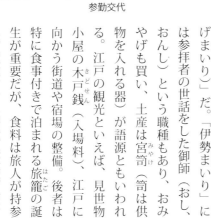

買方法を構築したのである。これらの行為が旅行業を生みだし、これを産業へと成長させることになる。

このときクックは世界初の団体旅行の企画者かつ手配者となった。彼はこの経験をもとに、一八五一年のロンドン万博見学ツアー、一八五五年にはパリ万博見学ツアー、その後もスエズ運河を使った船での海外旅行などを企画・手配する。また周遊券、トラベラーズチェック（旅行小切手）、ガイドブック、タイムテーブル（時刻表）など旅のアイテムを次々と発明していく。赤い表紙の時刻表、トラベラーズチェックといえば、懐かしい方も少なくないだろう。これらのアイテムの発売や旅の手配などを通じて、トーマス・クック社は旅行会社としての収入を得る。最初に実施したバプティスト信徒の団体旅行については、日帰りだったので宿泊はなかったのだが、鉄道会社にも、そのランチを受注した飲食業にも、その収入は分配された。いわば、トーマス・クックはいまに通じる「すそ野の広さ」、「経済波及効果の大きさ」をも含むツーリズムのビジネスモデルを創造したわけだ。

トーマスクック時刻表

さて衝撃をもたらしたトーマス・クック社の破綻だが、その原因は、次の章以下でも詳述する、ネット専門の旅行会社、いわゆるＯＴＡ（Online Travel Agent）の台頭、そして二一世紀初めから進出していた航空輸送業（トーマス・クック航空）の業績悪化と伝えられる。とはいえ、少し乱暴にいえば、これは一種の「創業者モデルの終焉」だと私は考えている。

実際、トーマス・クック社もインターネットを利用した旅行ビジネスを積極的に展開していた。だが次々と姿を消している紙媒体のタイムテーブル（時刻表）の現況もそうだが、トーマス・クックが発明した「手配」「募集」「団体割引」という旅行産業の生業そのものが破綻したのではないか。つまり、いままで長年にわたって優位性を担保していたビジネスモデルが劣化し、これまでの成功があるがゆえに、生き残りができなかった象徴的な事例ではないかと思う。

日本の旅行産業のはじまり

日本の旅行産業をみていこう。一八八九年（明治二二年）、新橋駅から神戸駅まで東海道本線全通など鉄道網が整備され、一八九〇年（明治二三年）には日本の迎賓館として帝国ホテルが開業した。一九〇五年（明治三八年）には現在の㈱日本旅行の前身である日本旅行会が創業。この会社は、汽車を貸し切り、高野山詣でやお伊勢参りの団体旅行などを企画した。旅の原点が宗教の旅であることは、ここでも洋の東西を問わず同じなようだ。また㈱ＪＴＢの前身「ジャパン・ツーリスト・ビューロー」も一九一二年（明治四五年）、当時の鉄道院のバックアップにより、外国からのお客様の手配、つまり、インバウンドの業務を開始する。

かくて日本のツーリズムは徐々に形成されるものの、これが産業として根付くのはやはり太平洋戦争の後である。大衆が自由に海外旅行に行けるようになったのは、一九六四年（昭和三九年）四月一日の渡航自由化以降だ。周知の通り、この年は東京オリンピックの開催、東海道新幹線の開業など日本のツーリズムにとってのエポックメーキングである。

戦後しばらく、日本人の多くは観光どころではなかった。実際、戦後初の国内旅行者は、連合国軍最高司令官総司令部、つまりGHQで働く将校やその家族ともいわれる。やがて朝鮮戦争特需などにより所得が増えてきた裕福な日本人の国内旅行が始まる。休日などに箱根《はこね》や日光《にっこう》、京都《きょうと》などへ旅行したのだろう。当時は旅行契約、つまり旅行会社とお客様との契約に関する法律はなく、旅行業務自体、資格も登録認可も不要で、悪質な業者も多く、トラブルは絶えなかった。

悪質な業者を取り締ることを目的として「旅行あっせん業法」が制定されたのは、一九五二年（昭和二七年）。当時、ツアーの募集といった概念などなく旅行業は「あっせん業」と呼ばれ、一九六四年に海外旅行が自由化されたときもまだ「あっせん業」のままであった。幾度かの改定を経て、監督省庁への登録義務など消費者保護を柱とし、ツアー募集の規則を含む「旅行業法」として改正されたのが、一九七一年（昭和四六年）だ。前年の一九七〇年には三月から約半年間で六四〇〇万人超の入場者を記録した大阪万博が開催され、日本全国から団体見学ツアーの募集も行われた。大人気となったが、手配ミスなどトラブルがまたもや発生し「旅行業法」施行の契機にもなった。一方で七七カ国が参加した大阪万博は日本人が海外に興味を持つきっかけともなり、海外旅行への憧れを醸成した。そして、大衆観光時代の幕が開ける。

航空輸送の発展

ツーリズムの発展には輸送手段の登場・発達が欠かせないが、旅行者の旅行先を一気に拡大させ、旅のスピードを格段と早くしたのは航空機の登場であろう。航空輸送の歴史は文字通り、「光」と「影」が交差する道を辿っている。

ライト兄弟による初飛行は一九〇三年一二月一七日。滞空時間わずか五九秒、飛行距離約二六〇メートルの飛行と伝えられるが、まさに二〇世紀の幕開けを飾る画期的な出来事だった。一九一四年一月には初の商業飛行（アメリカのフロリダで三五キロメートルを片道五ドルで運航）が行われる。だが、輸送手段としての航空機は戦争を通じて飛躍する。

ライト兄弟の初飛行（1903年12月17日）

一九一四年から一九一八年までの第一次世界大戦において、戦車、毒ガスとともに有力な兵器として登場した航空機は、ヨーロッパで約一七万機生産されたと言われる。戦後、航空機やパイロットが溢れ、その有効活用が政治問題にもなった。また戦争により寸断された欧州の鉄道網や道路の復旧、英仏海峡の輸送、遠く離れた植民地との輸送などの業務のために、航空機がスポットライトを浴びた。航空機の有効性と機動性に気付いた各国政府は競うように航空輸送会社を設立し、保護政策下で航空会社の育成を始めていく。

ＫＬＭオランダ航空、インペリアル航空（英国航空の前身）に加え、敗戦国ドイツでもルフトハンザ航空が、モンロー主義下で中立を続け最終段階で参戦したアメリカ合衆国でさえ、パンアメリカン航空が設立された。

日本における民間航空の歴史は大正時代（一九一二〜一九二六年）から始まる。大正初期には朝日新聞社が設立した東西定期航空会、渋沢栄一《しぶさわえいいち》が発起人となった日本航空輸送㈱など純民間人による企業組織が誕生したが、次第に軍事的な国策の中に統合されていく。第二次世界大戦の敗戦を経て、占領下の日本は飛行機を作ることも、飛ばすことも連合国に禁じられた。「航空禁止令」である。その結果、一九五二年の主権回復までの約六年半、日本はプロペラ機からジェット機へという世界の目覚ましい技術的発展から取り残されることになった。技術的な大きなハンデを背負って再出発した日本の航空機製造の復活のスピードを速めたのは再び戦争だった。朝鮮戦争時の米軍機のオーバーホールの受注である。そして当時採用された米国製最新鋭機のライセンス生産の開始もあり、復興過程にあった日本企業は技術、品質管理手法を始めとする多くのことを吸収し、日本の航空機生産基盤の形成・充実に大きく寄与した、と言われている。また民間機ではＹＳ11が有名であろう。ＹＳ11は初の国産ターボプロップ機（ガスタービンエンジンの一形態）で、一九五九年に製造が開始され、一九六四年には東京オリンピックの聖火輸送機としてデビューした。一九六四年の聖火輸送はギリシア・アテネから米国統治下にあった沖縄までを日本航空、沖縄からはＹＳ11を日本航空製造株式会社からチャーターした全日空が担当した。ＹＳ11の「オリンピア」という愛称はこの聖火輸送に由来する。

1973年頃の手荷物用ラベル

ＹＳ11は日本が生産した最初の本格的な旅客機であり、一八二機を生産し内七五機を一五カ国へ販売・輸出したが、赤字も大きく製造元の日本航空製造株式会社は一九八二年に解散した。ＹＳ11の開発・生産以降、日本は民間機の国際共同開発・生産の道を選び、日本企業はＢ767、Ｂ777、Ｂ787などの開発にサプライヤーとして参画したが、純国産機として期待されたＭＲＪ(Mitsubishi Regional Jet) は、残念ながら二〇二〇年一〇月以降プロジェクトは凍結されている。

さて航空輸送の話に戻そう。一九五二年、サンフランシスコ平和条約の発効に伴い、主権が回復されるとその年の航空法の施行を経て、日本は米国と航空協定を締結する。一九五三年一〇月には政府出資による日本航空株式会社が誕生し、一九五四年二月に国際線第一便が羽田からホノルル経由サンフランシスコへ就航した。二番目の路線は当時「国際線」であった羽田＝沖縄《おきなわ》路線である。航空禁止令の解除に伴い、航空の自由化が果たされたものの、前記の通り肝心の航空機はなく、日本人パイロットもいなかった。航空機製造と同様に何もないところから日本の民間航空輸送もスタートしたのだ。

私は失われた「空」を取り戻そうとした人々の奮闘を描いたノンフィクション「日本航空一期生」で知られる中丸美繪《なかまるよしえ》さんのお話を拝聴したことがある。当時、エアガールと呼ばれた女性たちの晴やかな笑顔の写真も見ることができたが、一緒に写る教育係もパイロットも外国人であったことが深く印象に残っている。

航空禁止令の解除以降、日本には一〇社近く航空会社ができたが、多くが経営難に陥り、一九七〇年代初頭までには日本航空、全日空、東亜国内航空の三社に再編・統合されていく。政府は事業分野を取り決め、これが「幼稚産業として保護育成する」という「四五・四七体制」となる。この体制は日本航空の完全民営化、つまり一九八六年（昭和六一年）以降の航空自由化まで続く。

航空機を利用したツーリズムの拡大

「四五・四七体制」とは、昭和四五年に閣議了解、昭和四七年に運輸大臣通達が出されたことによる呼称である。これは「航空憲法」とされ、航空三社の過当競争を排し共存共栄を図ることを目的としていた。事業分野の調整に伴い、日本航空は国際定期便と国内幹線（千歳《ちとせ》・羽田・伊丹・福岡《ふくおか》・那覇《なは》を結ぶ路線）、全日空は国内幹線と国内ローカル線及び近距離国際線（香港《ほんこん》、マニラ、シンガポール、バンコクなど）のチャーター便、東亜国内航空は国内ローカル線と一部幹線の運航と決められた。

大阪万博が開催された同じ一九七〇年に登場したのが、日本航空が導入したボーイング七四七、いわゆる「ジャンボ」の愛称で親しまれたジェット機である。座席数五〇〇名規模のジャンボジェット機は、まさに大量輸送時代の申し子といえた。高度経済成長があり、大阪万博があり、ジャンボジェット機が生まれたことで、一気に旅行が大衆化した。

当時の経済成長率を調べると、一九五六年度から一九七二年度の実質経済成長率は平均で九％。設備投資や輸出も伸び、人口も個人消費も増加していた時代だ。二一世紀に入ってＡＳＥＡＮ諸国などで国民の所得が増えて海外旅行が急増したが、それが日本ではこの時期であった。

だが不運なことに、航空機を使った日本の旅行需要は、そのツールが誕生して間もなく困難に直面する。一九七一年七月に二度起きた航空機事故（七月三日、東亜国内航空「ばんだい号」墜落事故。七月三〇日、全日空機の岩手県雫石上空での自衛隊機との空中衝突事故）は、その需要に深刻な影響をもたらした。追い打ちをかけるような、八月の「ドルショック」も痛手であった。

日本経済が受けた衝撃も甚大で、航空需要も落ち込んだ。当時、全日空の社員たちは航空券を持って東京駅に行き、新幹線で大阪へ行こうとする人たちに対して、航空券と交換しませんか、というアピールさえ行ったという。このような状況のため、全日空の大型機導入は遅れてしまう。ようやく日本航空に遅れること四年、一九七四年にL1011、ロッキード・トライスターを導入、東亜国内航空もエアバスA300型機を導入する。この時の機種選定で全日空は「ロッキード事件」に巻き込まれた。全日空は機種選定の正当性を強く訴え続けたが、役職員六名は有罪（執行猶予付）となった。

このように紆余曲折があったものの、一九七〇年の国内線搭乗客数は三社合計で一四七〇万人、「四五・四七体制」が見直されることになる一九八五年には約三倍の四四四〇万人まで拡大する。

ところで「四五・四七体制」では、航空三社の事業分野調整だけでなく運賃の決定、路線への参入・撤退、増便や減便などの自由も制限されていた。つまり、需要喚起の方法や他社と競争を繰り広げる範囲が限定されたものであった。したがって、航空会社が自ら需要喚起を行う手段として俄然、旅行商品が脚光を浴びることになった。

航空会社には旅行業の免許を与えないという行政指導もあり、別会社を作る必要が生まれた。そこで、全日空の旅行業業務は全日空商事（私は六期生）が担当することになった。日本航空、東亜国内航空も同じく、関連子会社を使った旅行商品の開発と販売を行う。これらの会社が需要喚起や販売競争の重要な役割を果たすことになった。そこに大手の旅行会社も加わり、競って旅行商品（パッケージツアー：次章で詳述）を企画・販売した。旅行商品は企業イメージをもPRできるので航空会社はテレビなどのマスコミを通じたキャンペーンにも莫大な費用を投下する。当時、世の中を席巻した「沖縄キャンペーン」、「北海道《ほっかいどう》キャンペーン」、JALパックのテレビ・コマーシャルを記憶されている方も多いだろう。

航空機を使った個人旅行は一九七〇年代から一九八〇年代に、これら航空会社が生みだし、定着させたと言っても過言ではない。その後、日本人の旅行熱は海外へと拡大し、日米間を中心に航空機による海外との往来需要が急拡大したことで、「四五・四七体制」の限界もあらわとなる。それは航空輸送に限らず、一九八〇年代には日本の市場開放、経済全体の自由化を目指す動きが活発した。自由化促進のOECD勧告、米国・欧州からの規制緩和要望などの外圧もあり、第二次臨時行政調査会（いわゆる土光臨調）が政府の許認可事項の縮小による行政の合理化と特殊法人の整理を答申した。国鉄分割民営化、日本電信電話公社民営化、日本専売公社民営化と並行して航空輸送の規制改革・規制緩和（Deregulation）が進むことになる。一九八六年、国際定期便はついに複数社体制となり、国内線も二社運航（ダブルトラッキング）、三社運航（トリプルトラッキング）が可能となった。

1960年代の全日空沖縄キャンペーン
ポスター　提供：ANA総研

規制緩和とは、すなわち、競争促進。「運賃の自由化」つまり運賃が認可制から届け出制となり、「新規参入・撤退の自由」、「増便・減便の自由」なども含まれた。実際には国内空港の容量や新規参入のための機材調達の必要などもあり、段階的に推進され、三社に次ぐ新規航空会社としてはスカイマーク、北海道国際航空（エアドゥ）が設立されたのは一九九六年となる。

　ＡＮＡは一九八六年三月三日に初の国際線定期便となる成田《なりた》＝グアム線を就航し、七月には成田＝ロサンゼルス線で念願の米国本土へ就航させた。ロサンゼルス空港に降りてくる初便の機影を見たＡＮＡの空港社員は抱き合い涙を流して初便を迎えたことは今も語り継がれている。

ボーイング727機　提供：ANA総研

　余談だが、ＡＮＡの米国本土国際線初便である成田からロサンゼルスへの便にはＡＮＡ〇〇六便、折り返し便がＡＮＡ〇〇五便と付けられた。そしてロサンゼルス初便の一〇日後、一九八六年七月二六日、ＡＮＡがＪＡＬに先駆けて開設した成田からワシントンＤＣへの便にはＡＮＡ〇〇二便、その折り返しに便にＡＮＡ〇〇一便が付けられている。国際線後発のＡＮＡはＪＡＬとは違うサービスの展開に努めたが、その意気込みのひとつが日米首都間の運航である。その誇り、思いを込めたのである。航空会社は最も重要な路線や記念すべき路線には〇〇一便・〇〇二便を付けるのだが、ＪＡＬは戦後初の国際線として就航した羽田からサンフランシスコ路線に付与している。

　私も一九八七年春、ＡＮＡロサンゼルス便を利用し、米国での訪日旅行の状況を調査した。各地のＪＮＴＯ（日本政府観光局）事務所なども訪れ、当時の訪日旅行の厳しい状況に驚いたことを思い出す。一九八七年と言えば、全世界からの訪日旅行者数が約二一〇万人、一方日本からの海外旅行者数が三倍強の約六八〇万人の時代。米国からはビジネスマンが米日間を往復するが、観光での日本はオリエント旅行として訪ねる国のひとつに過ぎなかった。

　すでにＡＮＡロサンゼルス支店では予約センターも開設していたが、ＡＮＡの正式名称である〝All Nippon Airways〟とオペレーターが答えるとネイティブに〝all〟が〝old〟に聞こえ、「全日本」を訳すなら「全米」のパンアメリカンのように「パンジャパン」だよね、との苦労話も聞いた。後日談だが、中国に進出したときも、「全日空」は「毎日（全日）空いている」と言われたりした。

　航空輸送の自由化は国際線の「オープンスカイ」へと前進していく。第二次世界大戦時、欧州各国が敵国機の空襲に遭い、強く領空権を意識した結果、米国が求めた戦後の自由な国際線ネットワークの構築は叶わず、長い間、多くの規制（運輸権）が課せられていた。戦後五〇年後の一九九五年、クリントン政権が国際線オープンスカイ政策を発表し、二国間での航空輸送に関してカボタージュ（自国領域内での他国航空機の運航を禁止する規定）を除き、空の自由が認められることになった。

ＥＵはさらに進んでいる。カボタージュも含め運輸権はすべて自由化されているからだ。とは言え、日本の空でカボタージュ解除、つまり羽田＝福岡などの国内線区間をアメリカン航空、大韓航空など他国の飛行機が飛ぶことは当分ないであろうが。

規制緩和・自由化には多くのメリットがあるが、デメリットもある。航空会社は路線の選択と集中ができるので、儲からない、不採算路線を原則として自由に廃止できる。例えば、国境・境界地域を含む地方・離島路線の減便・廃止も可能となる。言うまでもなく、その種の路線は、住民の生活や安定、地域経済の維持・発展に不可欠な足であり、国や対象自治体などが機体購入の一部補助、燃料税の軽減、もしくは離島住民への運賃助成などを行い、路線を維持している。航空輸送はこの意味で単なるビジネスではない。日本のあり方や交通政策そのものと強く関わっている。

さて二一世紀になると航空機を使った「九・一一」米国同時多発テロ、それに続く不安定な世界情勢、原油高、金融不安などなど、航空輸送産業を取り巻く環境が厳しくなっていく。米国では、一九四七年から日米間太平洋路線を就航していたノースウエスト航空がデルタ航空に統合され（二〇一〇年）、一九九一年の経営破綻後も同じロゴ名で別会社が経営していたパンアメリカン航空も姿を消す。日本では二〇〇一年にＪＡＬとＪＡＳが経営統合したが、リーマンショックによる大幅な需要低迷や、その国営会社的な体質から、ＪＡＬも経営悪化。二〇一〇年一月に会社更生法適用申請となったのは記憶に新しい（二〇一二年九月に再上場）。

世界の航空輸送はアライアンスを組みネットワークを構築する巨大ＦＳＣ（Full Service Career: Legacy Carrier とも呼ばれる、機内食など従来型のサービスを提供する航空会社）と低価格を「売り」とするＬＣＣ（Low Cost Carrier）というふたつの方向性で市場は成長していくものと思われていた。だが、コロナウイルス・パンデミックにより、両社とも厳しい経営環境を強いられている。

ツーリズムを構成する宿泊業、旅行業、すそ野に広がる多くの企業も同様だ。特に旅行会社は二〇世紀後半のインターネットの民間活用の広がりにより、その優位性、事業性が危うくなっており、転換期を迎えている。これについては他章に議論を譲りたい。

日本のツーリズム拡大の立役者

ここまで航空輸送の変遷を通してツーリズムの発展を書いてきたが、視点を日本国内での取組みに移してみたい。日本国内でのツーリズムの拡大、需要喚起に大きな役割を果たしたのが旧国鉄であることに異論はないであろう。一九七〇年代には個人旅行や女性旅行者をターゲットした「ディスカバー・キャンペーン」を行い、若者をターゲットとした各種周遊券も発売した。当時の若者は周遊券を手にリュックサックを背負って旅をし、その姿から「カニ族（バックパッカー、当時は横幅の広いリュックしかなく、通路を横歩きせざる得ないところから着いた名称）」と呼ばれた。そういう私も大学二年生の夏、初めての北海道への旅は夜行列車に乗り、青函連絡船で函館に渡ったカニ族のひとりだった。

一九八〇年代には中高年夫婦の旅行「フルムーン旅行」、若者をターゲットした「青春一八きっぷ」など特別企画乗車券を発売し、国内旅行の需要喚起を行った。次章に詳しいが、ＪＲへの分割以降も継続している六社共同での「ディストネーションキャンペーン」の需要喚起パワーの凄さは特記しておきたい。今でも3か月間実施されるこのキャンペーンを旅行者は期待し、対象となる地域の自治体、ホテル・旅館などの観光事業者、旅行会社にもたらす利益は大きいようである。

さて地方に目を移そう。日本のツーリズムの歴史の中で、地方にもたくさんの逸話が残っているが、その中で宮崎《みやざき》県での新婚ブーム・ハネムーンブームを紹介したい。一九六〇年代初めから宮崎へハネムーン客が訪れ始めたが、ハネムーン狂騒曲とも言われ爆発的なブームとなったのは一九六〇年代後半から一九七〇年代前半。そのきっかけとなったのが当時の「新しい皇室」二組の宮崎訪問と言われる。一九六〇年三月に島津久永《しまづひさなが》氏と結婚された昭和天皇第五皇女清宮《すがのみや》様（貴子《たかこ》様）が新婚旅行先として宮崎を訪問。

全日空ハネムーンポスター（1961 年）
提供：ANA 総研

さらに一九六二年五月、新婚間もない皇太子夫妻（今の上皇様と上皇后様）が訪問した。当時のマスコミは貴子様、美智子《みちこ》様のファッションやご夫婦仲睦まじい様子を報道し、上皇様夫妻が訪ねた青島《あおしま》とその周辺の日南海岸《にちなんかいがん》は「プリンセスライン」として全国的な知名度を高めた。さらには一九六五年には宮崎市や日南海岸でロケが行われたＮＨＫ連続テレビ小説の第五作「たまゆら」の全国放送が続き、二年から三年毎に宮崎を全国区にする出来事があった。また温暖な気候、青い空に映えるフェニックスなど、沖縄県の本土復帰前、日本でもっとも南国的な観光資源があり、さらには観光に携わる人々のサービス精神、おもてなしの精神に支えられ宮崎のハネムーンブームは続いた。当時、宮崎の観光バスガイドは日本一と言われ、うちの息子、孫の嫁にと申し出が殺到したという話が伝わっている。タクシーの運転手は乗客の乗り降りの時には降りてドアを開け、帽子をとって挨拶をした。バスの運転手も同様であった。タクシーはハネムーン客のチャーターで空車がなくなり、市民が乗れずに苦情になるという今でいうオーバーツーリズム現象まであったようだ。

新婚さんでいっぱいのバス車内（昭和 40 年代）
提供：宮崎交通

一九六七年から一九七三年には京都《きょうと》＝宮崎間に新婚特別列車「ことぶき号」が走り、羽田＝宮崎を飛ぶ全日空のボーイング七二七はハネムーンのカップルで満席となった。当時の記録には「一九六八年、宮崎県には約二一五万人の観光客が訪れ、その内の約四〇万人がハネムーン。列車で一六万組、飛行機で三万組、残りはマイカー」（『宮崎日日新聞』一九六九年二月二日）「戦後のベビーブームで生まれた人たちが結婚適齢期に達した一九七二年、全国で約一〇〇万組が結婚し、そのうちの四分の一の五七万人が新婚旅行で宮崎を訪れた。」（『宮崎交通七〇年史』）などが並ぶ。下世話な話だが、当時の新婚さんがはずんだチップは宮崎の観光従事者の懐をずいぶんと潤したようである。

一九七〇年代に入るとハネムーンの行先は、沖縄、北海道、ハワイ・グアムなどに分散化したが、宮崎観光はゴルフのメッカとしても根強い人気を保っていく。

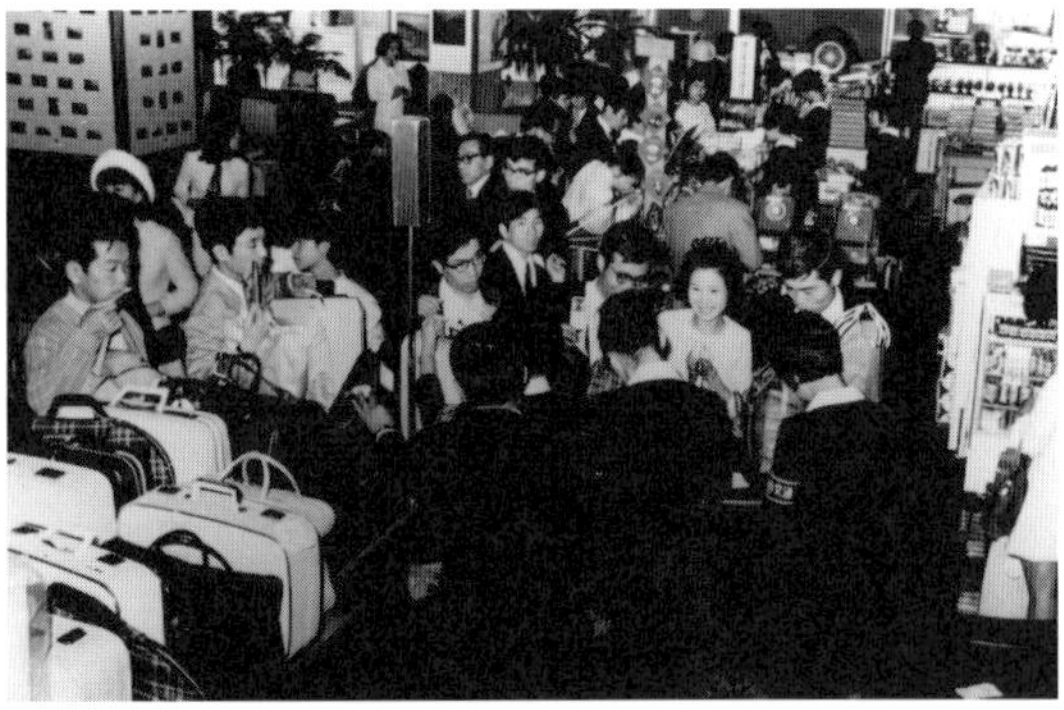
新婚さんで溢れる観光バス受付カウンター　提供：宮崎交通

宮崎観光に大きな変化をもたらしたのは一九九四年一〇月に開業したシーガイアリゾートであろう。国民にゆとりある余暇を提供し、地域振興を図るという理念の下、環境保全の規制まで大幅に緩和して財政上の優遇措置を行った通称リゾート法、「総合保養地域整備法」（一九八七年制定）による第一号指定「宮崎・日南海岸リゾート構想」の中核施設であった。

私はシーガイアリゾート開業日に現地にいた。オープニングセレモニーのゲストとしてライブをしたのは八〇年代のロックスター、スティング。七五三ルームあるホテルの客室の豪華さに驚き、今はなき全天候型室内ウォーターパーク、オーシャンドームには度肝を抜かした。

創業時より宮崎県、シーガイアを運営するフェニックスリゾートとの関係が深かった全日空グループのみならず、航空業界・旅行業界はこの世界レベルのリゾートを惜しみなく応援した。しかし、お客様を〝送っても送っても赤字から脱却できない〟（当時の会議資料から）状況が続き、期待していた二〇〇〇年七月の九州・沖縄サミットの首脳会談も沖縄開催となり、運営会社は二〇〇一年二月、負債三二六一億円で会社更生法の適用を申請した。破綻の原因はバブル経済の終焉、利用客数の低迷などと言われたが、このプロジェクトは、当該地の身の丈に合わない、作り手の理論や計画を優先させたプロダクトアウトの典型といわざるを得ないだろう。

「総合保養地域整備法」に

シーガイア全景　提供：宮崎市

よりバブル経済の最中、華やかに全国で四二の構想が立ち上がった。その構想ほぼ全てがゴルフ場・スキー場・マリーナなどに高級ホテルがセットされていたが、結果としては多くのプロジェクトが破綻。かつ野生動物、森林など環境への悪影響も甚大だったようである。

ツーリズムの世界で仕事をしていた私は高級ホテルやテーマパークなど「箱物」による需要喚起を否定はしない。沖縄本島西海岸の恩納村に立ち並ぶリゾートホテル、東京ディズニーリゾートなどその規模に合った動員力を確保し成功している例もあるからだ。また精緻なマーケティングをしたのに次の行動に移さない組織よりも若干冒険的なプロダクトアウトを評価もしたい。実際、シーガイアも一定の需要を喚起したし、現在ではＭＩＣＥ(Meeting. Incentive Travel, Convention・Conference, Exhibition）の舞台としては日本有数でもある。しかし投資額、維持費ともに度を越えて巨額であり、営業の努力では如何ともしがたいプロジェクトであったことは事実であり、そのきっかけは「総合保養地域整備法」だった。

その開業から破綻までの顛末を知る観光関係者は減り、シーガイア自体は紆余曲折の歴史を経て今も新しい経営体制で継続しているが、多くの人が傷つき去って行ったことを私は決して忘れない。

ツーリズムの価値

二一世紀に入り、日本国内では人口減少、少子高齢化、地方では人口流出が急速に進展した。政府は持続可能な国づくりを進めることを目的として観光立国宣言（二〇〇三年）、アジアゲートウェイ構想（二〇〇七年）、国土交通省成長戦略（二〇〇九年）と次々と成長戦略を発表した。一言で言えば「交流促進」のためのあらゆる施策を省庁を越えて展開している。ツーリズムを管轄する観光庁に止まらず、文化庁は地域と一体となって観光コンテンツの造成や文化観光の推進を行い、国立公園の保護・熱エネルギーとしての温泉の管理をしていた環境省は観光資源としての活用を模索している。海洋政策や有人国境離島政策を推進する内閣府も「日本の国境へ行こう」プロジェクトを立上げて国境地域の観光促進を行っている。まさに国を挙げて「交流立国」を目指している。

私はツーリズムが旅行者という消費者に提供できる価値を「体験」と「交流」だと思っている。旅先、旅の目的地での体験、交流だけではなく、目的地へ向かうための輸送機関の中や宿泊施設、飲食店といった様々なところでの「体験」と「交流」の総和が旅の感動であり、ツーリズム関連企業が提供する価値である。だからこそ、航空会社もホテルもレストランも利用者にできる限り心地よい、記憶に残る体験、交流を提供しようとする。

二〇一六年三月に開催された日本旅行業協会の経営フォーラムで講演を依頼した養老孟司氏はこのように言った。「旅、観光は感情の世界である。それを経済、数字で捉えるのは如何なものだろうか」と。美しい風景・自然、歴史的な建造物などを観て感動する。

美味しい食事に感動する。ホテル・旅館や航空機の中でのおもてなしに感動する。確かに旅は「感情」の世界である。

「感情」に値段を付けるのは難しく、ましてや定価など付けにくい。また、体験したい、交流したい、そして感動するという思いは人間の本能に刷り込まれたものであるようにも感じる。ツーリズムはこの思いに応えることが最優先であろう。敢えて擬人化すれば、国を支える産業となるという重き荷をツーリズムの肩から降ろしてあげたい、と思う。

また残念ながら、ツーリズムはイベントリスクに弱い。戦争・テロ・天災・政変など予期せぬ出来事による価値の暴落や市場の混乱で需要が大きく減退する。二一世紀に入ってからだけでも九・一一米国同時多発テロ（二〇〇一年）、イラク戦争とＳＡＲＳのパンデミック（二〇〇三年）、リーマンショック（二〇〇九年）、東日本大震災（二〇一一年）などで、旅行の需要は減退した。私もその対応に四苦八苦した経験を持つが、過去のイベントリスクの場合、翌年にはV字に近い回復も見せた。その意味で、需要減退のまま三年目に入ったコロナウイルス・パンデミックは破格である。

コロナ禍は「交流」が拡大させ、いまだ終息の見通しは立っていない。世界中が被災地であるかぎり、過去のイベントリスクの時のような非被災地が被災地を応援するとか、被災地を訪れることが経済活性化につながるという支援策も通用しない。そして何より最大の影響は「人々の生活様式や価値観への影響」であろう。要するに、人が移動しないことが奨励されるからだ。この行動様式の変容はコロナ禍が収束してもツーリズム関連産業の将来に響く。毎日出勤する、会議のために出張するなど、当たり前だった移動が制限され不便な一方で、Ｚｏｏｍなどを使ったリモートによる打合せ、会議が定着し、移動することを必要としない価値観も共有され始めている。この手の気付きは社会の常識を変えるだろう。読売新聞の企業調査（二〇二一年一一月）では「テレワークを続けるか？」という問いに、一二五社中七〇社が現状維持と回答している。人々の価値観、行動様式の変化は経済・産業の構造を変える。その意味で、人の移動を前提としたツーリズムへの影響は計り知れない。

ではどうしたらいいのだろう。政府からの様々な支援を受けて生き延びることができたとしても、アフター・コロナの時代にこれまでと同じような成長の階段を上ることはもはやできないだろうと多くのツーリズム関連企業は理解している。そしてコロナウイルス・パンデミックから学び、価値観や行動様式も変わるアフター・コロナの時代への備えが必要なのだが、私が指摘するまでもなく多くのツーリズム関連企業がその備えを進めている。

航空会社は一時的に航空機を売却し、航空事業を縮小しながら、本業以外の事業への展開を急速に進めている。これまでも課題だったボラティリティ耐性の強化を加速化させている。空港は顔認証技術を活用した新しい搭乗手続き〝Face Express〟を導入し始めている。これにより、パスポートを照合し顔画像を登録すれば、荷物預けから搭乗ゲートまで顔認証のみで通過可能だ。これはコロナ禍で生まれた衛生、清潔、非接触という新たな顧客ニーズに対応する。

旅行会社は街なかの店舗を撤退し、「募集」のための営業ツールはパンフレットからインターネットや新聞メディアへのシフトを加速している。また「手配」という代理店的な仕事から、旅のプロデューサーとして、日本の観光立国を牽引する「こと体験」の創造、MICEへの対応などにチャレンジしている。

オンラインでの疑似体験ツアーもある。これは複数の旅行会社が実施しているが、輸送・宿泊の手配が不要なので、実施には旅行会社としての登録・認可の必要はなく、ホテルでも地方自治体でもやれる。旅行会社は顧客とのコミュニケーション維持のためにこれを実施していると思われる。国内を移動したうえで、海外についてはオンラインにするハイブリッド方式での旅もあろう。ボーダーツーリズムでこれを応用すれば、例えば、対馬《つしま》まで旅行してオンラインで韓国を体験する、与那国《よなぐに》まで行って台湾を体験する、稚内《わっかない》・礼文《れぶん》でサハリンを体験するという企画である。

観光立国政策の目玉のひとつとして二〇一七年に誕生したDMO（Destination Management Organization）はどうしたらいいのか。従来観光協会は当該地の観光事業者だけの取りまとめ役、観光PRを行う組織と言われた。一方、DMOは地域の広いすそ野に存在する多様な関係者を巻き込み、科学的なアプローチ（つまりマーケティング）を行い、観光地そのものを「経営」することが求められた。国・自治体からの支援を受け、運営が上手く行き、観光客数・消費額を増やしたDMOも多いが、コロナ禍以前より、そのあり方や効果が問われることも多くなった。

登録要件はともかく、二四一（二〇二二年三月時点）もの数のDMOが果たして必要なのか？ 地域の多様な関係者を巻き込んだとしても、調整も手間取ることが多く、DMO独自の財源は小さい。さらに出向者が多く、数年での異動も多く、事業の継続性が疑問視されるケースもある。DMOには地域の「稼ぐ力」を引き出すことが期待されているが、DMOが〝management〟を標榜するのであれば、活動内容の中に、「感染症対策」などの観光地としての総合的なリスクマネージメントを入れるべきだと考える。

東京商工リサーチの調査では二〇二一年の倒産件数は旅行会社三一社、宿泊業八六社。雇用調整助成金など各種支援策で〝何とかもちこたえている〟状況にも見えるが、倒産の前に自主廃業をした旅行会社はコロナ渦中の二年間で一〇〇〇件を超えたという別の調査もある。解散したDMOはいまだないが、地域におけるDMOの存在は正念場を迎えている。

さて最後に静岡県熱海市の動向について紹介したい。

団体・宴会型の観光地であるがゆえに、低迷を続けてきた熱海観光。二〇〇九年の観光客数は五七六万人、観光消費額七五五億円だったが、二〇一八年には七〇八万人、一一八一億円にまで増加した。（熱海市資料より）こ

アロハで飛ぼう（提供：ANA 総研）

のＶ字回復に貢献したのは、旅館の二代目、三代目、旅館組合の若手経営者を中心とする皆さんであった。一度は熱海市を離れ、サラリーマン生活などでマーケティングも学び、良い意味での「よそ者視点」も持った彼らの危機感と実行力が熱海観光を復活させた。約七〇年続く花火大会を「SHIZUOKA・ATAMI HANABI FESTIVAL #海と干物と音楽と」というイベントに進化させ、見物客に名物干物を提供し、砂浜にはビーチチェアを設置した上で消費単価を上げるなど真に「観光地経営」を実践されているようだ。私の経験でも昔はお得意様との懇親旅行の目的地という印象が強かったが、今では若者や家族連れで賑わうお洒落な町に変貌していて驚かされる。

その熱海市にはＤＭＯがない（現在、設立の準備中とのこと）。大事なのは「かたち」「組織」ではなく、地域で活動する関係者の危機感と実行力だと改めて感じている。

あるまちの市長さんが嘆いていた。「今の子供たちは受験があるので世界史は学ぶ。だが自分の住む町の歴史を知らない」と。地方創生に必要なのはまずは「地域学」なる教育ではなかろうか。地域に生まれ・育ち、地域のことを知る。郷土愛を持った若者がマーケティングなどを学び、地域外や海外へ出て多様性を実体験した上で、Ｕターンし、観光を含む地方創生を担当する。それが観光立国を進めていく基本になるべきかと思う。

観光立国政策は国家「百年の計」であろう。地方自治体にとっても二宮尊徳の言葉「積小為大」（小さな努力の積み重ねが、やがて大きな収穫や発展に結びつく）の通り、地域「百年の計」に違いない。

旅の価値である「体験」と「交流」はコロナ禍ごときに駆逐されることはなかろう。同様に地域の魅力もコロナ禍で色褪せたわけではない。ツーリズムでビジネスを担う企業は、コロナ禍で何を学び、何を変えていくのかが、知恵の見せ所である。

（伊豆 芳人）

■参考資料

・㈱ＡＮＡ総合研究所『航空産業入門（第二版）』東洋経済新報社、二〇一七年
・『大空への挑戦―ＡＮＡ50年の軌跡』全日本空輸株式会社、二〇〇四年
・『数字が語る旅行業』（二〇二一年―二〇二二年）一般社団法人日本旅行業協会（ＪＡＴＡ）広報室
・『会報誌じゃたこみ』一般社団法人日本旅行業協会広報室
・岡田温司『グランドツアー―一八世紀イタリアへの旅』岩波新書、二〇一〇年
・東浩紀『ゲンロン０　観光客の哲学』株式会社ゲンロン、二〇一七年
・本城靖久『トーマス・クックの旅―近代ツーリズムの誕生』講談社現代新書、一九九六年
・神崎宣武『江戸の旅文化』岩波新書、二〇〇四年
・『日本の航空宇宙工業　五〇年の歩み』一般社団法人日本航空宇宙工業会、二〇〇三年
・『みやざきの観光物語―宮崎市観光協会五〇周年記念誌一九四七―一九九七』宮崎市観光協会、一九九七年
・日本弁護士連合会「リゾート法の廃止と、持続可能なツーリズムのための施策・法整備を求める決議」（二〇〇四年）
・熱海市観光建設部観光経済課「熱海市における観光消費額」（二〇一九年）
・宮崎交通社史編纂委員会編『宮崎交通七〇年史』宮崎交通、一九九七年
・ＪＴＢ百年の歩み　https://www.jtbcorp.jp/jp/100th/history/
・株式会社日本旅行ホームページ　https://www.nta.co.jp/company/01_04.htm
※その他、「温泉総選挙セミナー」主催の「官民連携による観光活性戦略的ＰＲセミナー」（二〇二一年一一月）など様々なイベントからの知見を参照した。

コラム

屈伸する覚悟

　第二次世界大戦中の一九四四年一一月、シカゴに当時の連合国五二カ国が集まり、戦後の国際民間航空の枠組みが協議された。その時米国のフランクリン・ルーズベルト大統領が日本・ドイツ・イタリアの航空の「完全禁止」を宣言した。「ゴム紐で飛ばせる模型飛行機より大きい物体を飛ばすことは一切禁じる。」と言ったとされる。そして終戦。日本は保有していたすべての飛行機を連合国に没収され、すべて破壊・焼却され、一九五二年四月のサンフランシスコ平和条約までの約七年間、日本の航空禁止時代が続いた。私は航空機製造に関して詳しくはないが、日本で未だに国産ジェット旅客機ができないのは戦後七年の空白が遠因ではないかとさえ思ってしまう。

　過日、NHK・BSプレミアムで「プロジェクトX」の再放送があり、戦後初の国産民間旅客機YS11の開発が取り上げられていた。番組ではYS11開発に携わった戦時中の航空機設計者（ゼロ戦の堀越次郎《ほりこしじろう》氏、飛燕の土井武夫《どいたけお》氏）と若手設計者のチームが紹介されていた。始めて知った事は本格的なYS11開発のリーダー役を務めたのが東條英機《とうじょうひでき》の次男、東條輝雄《てるお》氏であったことである。

　この番組の基本テーマのひとつが戦後から高度成長期の官民一体となった「日本を一流の国にする」という思い。当回でもその熱量を感じ、不覚にも目頭が熱くなった。真に〝ものづくり大国〟を目指していた先人たちの「覚悟」に感動するのである。

　私の尊敬する文化勲章受章者の中西進《なかにしすすむ》先生は「日本人には屈伸力がある」と述べられている。何もかも無くなった焼け野原からの「屈伸」はとてつもない「覚悟」だったであろう。その「覚悟」はこのコロナ禍から復活するDNAとして日本の〝ものづくりの会社〟には受け継がれているように思う。ではサービス産業はどうなのか、その覚悟はあるのか、と自問するのである。

　観光大国を目指している日本だが、戦後「観光立国」という言葉が初めて世に出たのは一九五四年（昭和二九年）。パナソニック創業者・松下幸之助《まつしたこうのすけ》氏がその年の『文藝春秋』五月号で発表した「観光立国の辯（弁）」と題する一文と言われる。私もPHP研究所（同氏が創立した出版・シンクタンク）の知人からコピーを手に入れ、全文を読んだことがある。内容は観光省・観光大臣の創設を提案し、インバウンドを原料も製造も梱包も輸送もいらない輸出産業（外貨獲得）とし、そのためにも日本の自然・文化財を保護する重要性にまで及び、その慧眼、先見性、合理性にとても驚いた記憶がある。松下幸之助氏は一九五一年（昭和二六年）に市場調査のた

YS11（提供：ANA総研）

めに訪米した。その時に自社も含めた日本の製造業の遅れを痛感したことが「観光立国の辯（弁）」の原点と言われている。それにしても氏は日本の〝ものづくりの会社〟の先駆者である。業界を超えて、戦後日本の復興を牽引しようとした「覚悟」には敬服するだけである。

サービス産業の総合体とも言える旅行産業（ツーリズム）はすそ野が広いとも言われている。旅人は食事も、買い物も、観劇もする。しかし、すそ野が存在するためにはその中心に核となる運輸業・宿泊業・旅行業などの旅行主力産業が断固として「そびえ立っている」ことが必要であろう。日本の全就業人口の約一割が働いているといわれる自動車産業の例を出すまでもなく、山の高さとすそ野の広さは比例するからである。すそ野が広いとは「みんなで渡れば怖くない」ではない。立国の主役のたる産業とはコロナ禍からの日本の復活を成し遂げる「覚悟」を持ち、他の産業を巻き込みながら「屈伸する」ことができる産業ではないだろうか。

旅行主力産業の「屈伸する覚悟」に期待している。

（伊豆 芳人）

Ⅱ　旅行業界盛衰史

総合旅行会社の登場

旅行業と言えば、読者がまず思い浮かべるのは、ＪＴＢ、近畿日本ツーリスト（ＫＮＴ）、日本旅行といった大手の総合旅行会社であろう。これら旅行会社は、日本や世界各地を取扱対象として、団体旅行の手配、多彩な旅行の企画販売、航空券や宿泊施設の手配を行うことを業務としている。

そもそも旅行とは、個人で行うものではなく、団体をつくり、一緒に行動をともにするというスタイルから始まった。旅行会社は、ある意味で、この旅行のスタイルをうまく活用し、自ら成長を遂げてきたといえる。例えば、あなたが仲間たち、会社あるいは地域のみんなと旅行に出かけようとする。では、どこに出かけようか、旅行先に何があるのか、どこに泊まるのか、どうやっていくのか。インターネットなど存在しない時代、これらの情報を集めることは容易ではなかった。

ここでこれらの業務を一手に引き受けたのが、旅行会社であった。遠隔地の宿泊・交通機関の手配のため、旅行会社は資金を投入し、互いにしのぎを削りながら、独自の予約システムを構築し、宿泊施設や運送機関の在庫を確保する。自分が住んでいる土地から離れた場所の情報は、これら旅行会社が独占しているがゆえに、お客さまは旅行会社に頼らざるを得ない。旅行会社は、全国各地の至る所に「仕入センター」を作り上げていく。「仕入センター」とは、販売ツールである宿泊施設や運送施設、食事施設と契約をする窓口であり、その商材を集めて、旅行商品に加工する要となる組織だ。宿泊施設を中心とした契約旅館の組織化も進め、送客拡大と地域情報の収集を行って、より良い、生の情報をお客様に提供するシステムを構築した。

旅行会社が団体を得意とする理由も確かにあった。団体旅行は、毎年必ず実施されるという顕在需要が数多いからだ。「修学旅行」は学習指導要領に規定され、宗教団体の「本山参り」も毎月毎年、行われるものである。私企業でも顧客管理・拡大のため「親睦旅行」に力を入れる時代であった。

「修学旅行」は、国鉄（現ＪＲ各社）が専用列車を設定し、児童生徒の利便性（特別な運賃料金の割引など）を図るわけだが、旅行会社の方は学校に営業をしかけ、国鉄から座席を確保するという役割分担で実施されていた。修学旅行の主目的地たる奈良・京都を中心として旅館の客室を確保提供するというのが旅行会社の業務となった。食事施設でも修学旅行用の独自メニューを作り、安価にこれを提供できる仕組みが構築された。顕在需要ゆえに、旅行会社各社が

北海道奈井江町から奈良への修学旅行（昭和 41 年頃）

競い合い、学校のニーズに合うと、その会社だけが実施しうる「体験学習」も商品化されていく。例えば、非公開の神社仏閣の拝観や伝統文化に触れる体験などの企画がそれだが、旅行会社の大きな課題である金太郎飴（コモディティ化）からの脱却の端緒とも言えよう。

「宗教団体」は、開山年祭や開祖没後年祭などが近づくと、いずれの宗教団体も本山参りを信者拡大の手段として動き出す。本山までの移動の利便性には貸切バスによる「団参」。（本山周辺には信者用の宿泊施設があるため）「団参」前後泊の組織。ここでは、「精進落とし」として、近隣の温泉旅館への宿泊を商品として提案することができる。

これらの団体旅行の獲得のために「仕入センター」のネットワークが機能し、道中の土産屋では特別包装のものや独自メニューも提供される。鉄道やフェリーなどの団体割引も魅力的となる。いわば、顕在する団体旅行を活用することで、旅行会社各社は、関係機関との協力を拡大強化してきた。団体旅行が主流の時代は、まさに総合旅行会社にとって「我が世の春」であった。

パッケージからオプションへ

だが時代が進むにつれ、国民の所得もあがり、消費スタイルが多様化していく。旅行についての需要が高まるだけではなく、団体と言っても一口で括れず、様々なニーズへと分岐していく。教育や会社と言った「上から」ではなく、個々人が（自由に）一緒に（団体で）旅をしようとする気運も強まっていく。新たなニーズに即した商品開発が求められるようになった。団塊世代の生活に余裕が出てきた一九七〇年代後半から退職する時代において、個々人のニーズの集合体としての団体旅行が流行化する。クラブツーリズムがアクティブシニアを組織化して安価な旅行商品を販売することも顕著な事象といえる。

新たな商品を市場に売り出す際、ネックとなるのが、旅行に関する商品の利益率が一般に低いことだろう。そこで総合旅行会社は、仕入値と販売価格に差をつけるのが難しいという壁を乗り越えるべく、団体旅行でこれまで培ったノウハウを生かしたかたちで「パッケージ商品」（主催旅行、現在では募集型企画旅行と言う）をつくり、仕入値に企画料を上乗せした商品群を構築する。宿泊や食事、交通機関を包含した「パッケージ商品」では、個別料金はお客さまには不開示だが、通常料金の合算よりは安価に設定され、お得感が満載となる。だがニーズの更なる変容に伴い、団体旅行から個人旅行が好まれるようになると、すべてが揃ったパッケージではなく、自由にオプションが組めるような商品が主流となってくる。つまり、宿泊企画商品と呼ばれる宿泊単品の商品群が誕生した。宿泊企画商品を業界で初めて開発したのは、ＫＮＴと言われており、さらに仕入値に企画料を上乗せすることで、自由に価格を設定でき、宿泊施設との間の適正な精算を可能とするコンピュータシステムも構築した。一九八五年頃のことである。

二〇一〇年頃になると、宿泊旅行の主流はお客さまの住む場所もしくは隣接地域だとする「域内隣接圏需要」論が登場する。これは、近年コロナ禍で、安心・安全をキーワードに生活圏の近場での宿泊需要を喚起しようとするマイクロツーリズムとしてブームになったが、業界ではコロナ以前からたびたび試行されてきた。実際、二〇一〇年にすでに全国平均で宿泊需要の約三六％が域内隣接圏需要であった。（巻末「発地（居住地）から見た宿泊旅行先ランキングと構成比」参照）

この理論は、一九九五年頃には「二時間一〇〇キロ理論」と言われていた。すなわち、マイカーやレンタカーでの旅行需要の高まりを受け、目的地が片道二時間から三時間、距離として一〇〇キロから二〇〇キロの場所に絞った商品がお客さまニーズに合致し、一番販売力を持つとされた。ここでもパイオニアはＫＮＴだ。主力販売地域たる東京近郊の温泉地、例えば、栃木の鬼怒川や那須、群馬の伊香保や草津をターゲットに事業を展開する。これらの地域のほとんどが車で二時間から三時間、一〇〇キロから二〇〇キロのエリアにあった。さらにこれら温泉地の宿泊施設の多くが、ＫＮＴと契約をする旅館であり、旅館ホテル連盟なる組織に加盟していた。これらの強みを生かし、ＫＮＴは「〇〇温泉に泊まろう」「〇〇温泉に行こう」といったタイトルの「地区商品」をプロモートする。加えて、館内利用券、土産屋のプレゼント・クーポン券、観光施設の入場料金割引券など共通特典を加え、最盛期には関東近郊一五の地域まで商品群を広げ、大ヒットとなる。温泉地だけではない。東京都心で新規開業したハイグレードホテルにも目をつけ、これを新規開業記念と称し、単独商品のバリエーションをさらに発売していく。

由布院駅のクルーズトレイン「ななつ星」

もちろん、これら「地区商品」には、旅行会社の販売価格と旅館側のグレードが合致しないとか、仕入値と販売価格の乖離があからさまとなり、お客さまからのクレームが生じるというデメリットも多かった。しかしながら、ＫＮＴの商品は中京圏や関西圏も席巻し、いわゆる総合旅行会社の力をみせつける時代が生まれた。とりわけ、首都圏で一九九八年から販売しているディズニーリゾート周辺の「ＴＤＲへの旅」はいまなお最も集客力をもつ商品とされ、ＫＮＴはこれを全国で統一したかたちで販売を続けている。

インターネット——個人旅行商品の危機

二〇〇〇年代、宿泊企画商品は、総合旅行会社を代表する個人旅行商品となった。だが、首都圏からの遠隔地（北海道、九州、沖縄）でも、航空機と現地交通機関、宿泊施設などをアラカルトで選択できるような商品構成が主流となり、現地で貸切バスを用いて観光地を廻るといった「定食型」のツアーはその価値を下げていく。これに伴い、商品を企画・造成する担当者のモチベーションや力量が下がり、会社間の競争は商品の企画力を競うのではなく、価格をめぐるもの、つまり、百円でも安く料金を設定するといった「値引き」合戦となる。これは利益率の更なる低下を意味し、自分たちの首を自分で絞める結果となった。

インターネット環境の整備によって、このアラカルト化が更に伸張していく。そして、商品をインターネット上で販売するシステム、つまり「場貸しサイト」、ＯＴＡ（Online Travel Agent）と呼ばれる「宿泊施設がインターネット上で貸してもらう場所に客室在庫を入れて、サイト運営会社が販売する」システムが誕生する。このシステムは、お客さまと当該宿泊施設の直接契約となるため、宿泊施設は旅行業法に抵触せず、販売はおろか料金設定も自由に変えることができた。そのため、多くの宿泊施設が総合旅行会社の手数料を回避し、ＯＴＡへの利用にシフトしていく。もちろん、総合旅行会社側も「場貸しサイト」の構築に努めるが、既存の宿泊企画商品との競合もあり、爆発的にヒットするようなサイトをつくるには二の足を踏まざるを得なかった。

法改正により、ＯＴＡにも旅行業法が適用され、総合旅行会社との共存が図られるかと思いきや、今度は国内市場開放の圧力もあり、国外のＯＴＡが参入し、むしろ競争は激化し、群雄割拠状態となる。

インターネットの検索機能などの強化がさらにインパクトを与える。メタサーチを伴う、旅行比較サイトの誕生は、オンライン販売をさらに後押しし、ＯＴＡの販売力は加速度的に伸張する。その結果、総合旅行会社が販売する、従来の宿泊企画商品はその寿命がほぼ尽きたといえる状況に陥った。

一見、「場貸しサイト」の誕生は、宿泊施設にとっては総合旅行会社の呪縛から逃れることができる、バラ色の未来のように思われる。だが、契約行為はあくまでお客さまと宿泊施設の直接のやりとりとなるため、「予約したけれども、当日実際にお客さまが来ない（ノーショー）」といった事例が多発する。「場貸しサイト」運営会社側は、取消料を支払わないという一点張りの対応であり、宿泊施設のプラチナカードと呼ばれる特日（週末・祝日など）の宿泊在庫はＯＴＡでは販売しない施設も見られるようになった。そのため、カード決済による宿泊料金などの事前収受するシステムを構築するＯＴＡ会社も現れている。

ここで話を宿泊施設の立場にたってもう一度考えてみよう。老舗や大手と言えども、お客さまには、その名前も認知されていることが少ない。名前を知られてさえいれば、旅行者たちは自分でその旅館やホテルに連絡をするだろうし、あるいはインターネットでその名前を検索するだろう。だが多くのお客さまは、通常、「行きたい地域」をもとにそこから宿泊施設を探そうとする。調べる方法はいろいろあるが、旅館名だけでは、ＡもＢもＣも違いがよくわからない。

各地の旅館やホテルが、旅行会社に販売を依存するのは、手数料を取られてでも、その会社からお客さまに売ってもらうことで利益があがるからである。このプロセスでもっとも強力なのが、日本国内においてガリバーと言われるトップアスリートである日本交通公社から名前を変えたＪＴＢ。ＪＴＢこそ、多くのお客さまが相談することの多い総合旅行会社だが、そうであるがゆえに、宿泊施設は気をつかう。ＪＴＢを通して予約すると宿泊施設もアップグレードや特典でお客さまに応え、満足したお客さまはまたＪＴＢに相談するという商売サイクルもよく知られていた。

　だが旅行会社に手数料を払うことを忌み嫌う旅館やホテルは、直接販売を目指そうとする。外資系ホテルチェーンなどはBest Rateと称し、自社サイトで「宿泊を購入する場合」が一番の低廉価格であると謳う。自社サイトから予約が入れば、ＯＴＡや旅行会社に手数料やシステム使用料を支払う必要がなく、収益性が向上するからだ（飲食業でクレジットカードの手数料を嫌い、現金でのお客さまに割引をするという考え方もこれに通底する）。日本の各地で展開している「東横イン」なども、ＯＴＡや旅行会社に頼らない取引を徹底させている会社のひとつである。

上対馬にある東横イン（対馬比田勝）

　にもかかわらず、旅行に行きたいお客さまに認知されている旅館、ホテルは少数である。それゆえ、ＯＴＡや旅行会社を使って、宿泊施設を探すニーズは常に残る。ＯＴＡは手軽であるが、ネットの情報だけでどこまで信用できるかは心もとない（利用者の声なども掲載されているが、評価は割れることも少なくなく、リスクは常にある）。もちろん、旅行業界に勤める社員が全国の旅館、ホテルのことを熟知しているはずはないにせよ、対面も含めて、プロにいろいろと相談できる旅行会社の存在は、お客さまに安心感を与えよう。

宿泊施設の近未来

スマートフォンの普及で、インターネットの展開は新しいフェイズに入ったと言われる。パソコン上では、旅行を開始するにあたり、宿泊施設の自社サイトや旅行会社もしくはＯＴＡのサイトにアクセスし、宿泊施設の予約をするという行為が必須であった。だが、スマートフォンは予約行為を簡略化する「アプリ」が活用できる。操作の簡便性と、予約施設の明確化などがメリットだ。具体的に見てみよう。

　全国に展開するアパグループは「アパ直」というキーワードで、お客さまへの直接販売を進めている。アプリから予約すれば他社サイトより安価であること、アプリ上で自動チェックインができることなどがそれだ。航空会社でも同様な試みが進められているが、そのホテル版といえる。

　山形県蔵王温泉の高見屋ホテルグループのアプリも面白い。高見屋は山形県内を中心に一四の宿泊施設を保有する日本旅館の会社だが、アプリからの予約に付加価値をつけ、ベストレートで提供する。これに県内の観光施設の割引クーポンなどが付加できれば、さらに使われるようになろう。

　旅館・ホテルの経営は、年を追うごとに厳しさを増しており、旅行会社への依存からの脱却がますます課題となっている。スマートフォンのアプリ開発によって、旅館やホテルの直接販売への移行はさらに進むだろう。やがて旅行会社やOTAは客室消化（予約率の向上）の補完的な機能を担うだけになる。

旅行会社やOTAが生き残る道は、団体旅行の送客と地域振興しかないと言っても過言ではない。

例えば、団体旅行について言えば、社長や幹部の部屋割りは、一人一部屋であったり、アップグレードを必要とするなどのイレギュラーが発生するため、単純な販売システムでは対応することができない。総合旅行会社各社が構築するコンベンションシステムでは、そういった対応が可能だが、OTA各社ではその対応がなされておらず、販売システム上だけで団体旅行に対応することができていない。そのため、まだまだ人を介する営業活動が必要だ。地域振興、つまり地方自治体やNPO、現地企業などを絡めた仕掛けについては、必ず人を介する必要がある。これらに資源を集中することで、既存の旅行会社は生き残ることができるのではないか。

コロナ禍のこの時代、航空会社各社、JR各社、そして旅行会社各社が、地方自治体やNPOなどに出向者を増やしていることも人財資源をシフトしている顕著な事例ともいえる。特に総合旅行会社においては、豊富な社員数を背景にJTBが中央省庁や地方自治体への出向施策を進めており、政策立案に初期段階より関わっていくという他社を凌駕する施策を推進していると聞く。

他方で、宿泊施設側にとっては、独自の予約を促進するための自社知名度のアップが課題となる。例えば、自治体とタイアップして、「ふるさと納税」の返礼品として、自らの宿泊商品を提供するといったアプローチも考えられる。

コロナ禍は、観光業界の状況を大きく揺さぶっている。宿泊施設には経営を継続することが難しくなっているところも多く、旅行会社も、事業を停止し、事業所を閉鎖するケースが増えている。オリンピック・パラリンピックは、旅行業界にとって「バラ色のイベント」と目されていたが、結局、国内外のお客さまを呼ぶことができなかった。

世界初ロボットが働く「変なホテル」（浜松町）

宿泊施設の「生き残り戦略」の決め手はなかなかないものの、比較的資金に余裕のある旅館ホテルの若手経営者たちによる、コロナ終息後の一手に期待もしたい。客室改装やパブリック施設の拡充、町歩きできる温泉街の構築など、お客さまがいない今、これを進める好機といえる。これらをうまく進めることにより、やがてコロナが落ち着いたあかつきには、旅行会社・OTA離れの加速化と、ベストレートの導入＝直接販売比率の向上を通じて、経営の安定へとつながろう。

インターネットの伸張は、有人サービスの終焉とも言われる。旅行会社だけでなく、銀行などもカウンター業務を縮小し始めている。旅行業界は、カウンターでの対面販売の源泉たるブランド商品の造成を止め、従業員の配置転換を進めている。高い家賃の路面店は姿を消し、ブランド商品のパンフレットを見ることも皆無となった。ＪＲ各社も自前の旅行会社を廃業し、「みどりの窓口」の休止や縮小を発表している。宿泊施設でも無人チェックインカウンターや、ロボットの接客が散見される。

旅行会社が販売手数料を収受する時代もほぼ終わりつつある。航空会社や鉄道会社による直販化、無手数料化も促進され、すべてはインターネットにシフトされつつある。まだ追いついていないが、宿泊施設もそう遠くないうちに、直接販売が主流となるのだろう。

「観光立国宣言」

すでに述べたように、一九九五年の「Windows 95」の発売を端緒としたインターネットの普及が、これまで「人と人」との繋がりをもとに、主に総合旅行会社が担ってきた生業のかたちを一変させた。企業や団体はおろか家庭でのインターネット環境の整備により、誰もが手軽に旅行情報を手に入れるようになった。お客さまの中には、旅行会社の社員より豊富な情報量を持つ人もいる。これに対峙して、鉄道会社や航空会社を始め、宿泊施設も独自の予約システムを作り、個人と直接取引を始めるようになった。団体旅行を軸に資源を投入してきた旅行会社は、個人旅行に力を入れることができず、新規参入が容易な旅行業界で、ついに総合旅行会社は「負け組」となったのである。

二〇〇三年に政府が「観光立国宣言」を行ったことで、これら旅行会社の立ち位置が変わることになった。Ⅰ章でも言及されているがＭＩＣＥ、すなわち企業などの会議（Meeting）、企業などの行う報奨・研修旅行（インセンティブ旅行）（Incentive Travel）、国際機関・団体、学会などが行う国際会議（Convention）、展示会・見本市、イベント（Exhibition/Event）などといった様々なビジネスイベントを提案し、お客さまのこれに関わる課題を解決する役割が新たな任務となった。

さらに、「観光立国宣言」によって、日本全国の自治体が置かれる状況も一変した。日本人の国内旅行減少を埋めるために、政府は訪日外国人の拡大を奨励した。二〇〇〇年に四七六万人だったその数は、二〇一九年に三一八八万人となった。太平洋ベルト地帯（ゴールデンルート）中心だった訪日外国人の流れは、地方へと向かうようになり、外国の航空会社が地方空港へのチャーター便契約を進める事例も顕著となる。地方自治体に求められることは、訪日外国人が宿泊できる施設の拡充、案内業務などのインフラ整備となり、これまでの日本人旅行客を増やすための仕掛けだけでは、他の地域から取り残されるからだ。

日本における観光立国推進の原動力は、これまでも鉄道会社や航空会社、総合旅行会社による一定地域への送客キャンペーンが主力であった。特にＪＲ各社が推進する「ディスティネーションキャンペーン」は四半期ごとに実施されるのだが約二年前にその実施地域が発表されると旅行会社各社もＪＲ各社と協働して、地域商品を作り上げた。ＪＲ各社は、この期間における輸送力を強化し乗車人員の拡大を図り、旅行会社各社に大幅な割引率を提供するので、より多くのお客さまがその地域に足を運ぶことになった。各社が知恵を絞り、これまでにない旅行商品を創造し、そのための情報を地域の自治体は、収集するのである。

ここで問題となるのは、旅行商品には特許が無いということだろう。キラッとした素材を見つけ出した会社が旅行商品化したものを他社が真似る。すると価格競争が発生し、旅行会社が首を絞めあう事態が生まれる。それを打破すべく、各社は自分の会社のみが販売できる囲い込みを始めるわけだが、これは送客の限界が生まれ、市場が拡大しないため、旅行商品としての寿命が縮まりかねない。

総合旅行会社が果たすべきこと

お客さまのイベントに関する課題解決を提案することが総合旅行会社の使命だとすれば、観光立国推進のために、中央省庁や地方自治体が抱えている課題に旅行会社がどのように向き合うべきか、最後に考えたい。

旅行会社が得意とする団体旅行から個人旅行へと世の中は変わってきている。宿泊施設においては、大宴会場を取り壊して個人の食事処へと改築したり、中小規模のレストランでの食事や美術館への訪問などが旅行目的となることも少なくなく、個々の旅行目的を満足させることができることこそ、これからの旅のスタイルといえる。手つかずの風光明媚な場所である全国の国立公園の観光利用、国民保養温泉地の連携による「温泉」の活性化など、環境省は大量送客が難しいコンテンツを課題として保有している。

また、地域の歴史的な有形・無形の文化財をストーリー化して整備活用する日本遺産の発掘を文化庁は進めている。中央省庁が進めるこれらの課題は、地方自治体へ課題として転嫁されていく。大量送客を行なうことによって旅行商品を創造する総合旅行会社にとっても、これらのコンテンツは商品化が難しいものである。手つかずの自然環境は、天候に左右され、休憩する場所も整備されていなかったり、個人単位で旅行をするには、公共交通機関の不備が指摘されることもある。国は、地方自治体に不足しているインフラを整備するように、と命令することになるのだが、これが地方自治体の大きな課題ともなっている。

JR・四国ディストネーションキャンペーン
大洲《おおず》を走るクルーズトレイン

総合旅行会社の強みは、全国展開する営業拠点があることである。本社部門に地域振興を推進する部署を保有し、本社部門で戦略立案し、地域の営業拠点に戦術構築を求めていく。ＭＩＣＥなどで培ってきた提案営業力は、地方自治体が抱えている課題解決に不可欠な力となるはずである。総合旅行会社の他にも、あるいは旅行業界ではなくとも課題解決ができる企業は多数ある。しかしながら、地域が抱える交流・移住人口の拡大に、旅行による商品化は大きく寄与する。地域の持つキラッとした原石を旅行商品として磨き上げて商品化し、全国に流通させるスキームを団体旅行、個人旅行共に旅行会社は保有しているのである。コツコツと毎日ヒットを重ねる一番バッターも必要だが、一発逆転を狙える四番バッター（総合旅行会社）も欠かすことのできない存在といえる。

実際、総合旅行会社は、あらゆる困難や危機を乗り越えるために、課題解決型営業にたどり着いた。ただ単に出発地点からお客様を目的地に運ぶ（発地型）という行為から、地域そのもので人流を起こすこと（着地型）へと変換もしてきた。この変化がなければ、その存在価値は終焉を迎えていたと考える。

地域の方々と旅行会社との関係は、これまでは、①地域の方々が、素材の発掘（情報収集）、②その素材を旅行会社が磨き上げ（旅行商品化）、③旅行会社がプロモーションしてアウトプット（流通販売）という役割分担であった。

しかし、着地側の能力が向上することによって、①地域は素材を発掘し、旅行商品として磨き上げ、②旅行会社へプロモーション、③旅行会社は責任を持ってアウトプットという役割分担に変わっていかなければならない。そのためには、前述のように、旅行会社各社が地方自治体の中枢部へ出向する施策を構築する必要があろう。これは、出向政策による人件費抑制ではなく、協働して地域への人流を起こして行くことなのである。

新型コロナウイルスの影響によって、旅行業界は二〇〇一年のアメリカ同時多発テロ以上の瀕死の重傷に陥った。既に店頭販売拠点の数多くを閉じて、社員の力を別の場所に移しつつある。地域振興が総合旅行会社にとっての残された「ブルーオーシャン」であれば、そこに人材を割き、本気で地域に入っていくことが必要だと感じる。

その場所を好きになる。その場所で感じた、たった一人の閃きが、万人のトキメキに変わる。本当にそれができるのは、総合旅行会社だと筆者は考えている。

（中村　修）

俯瞰する富士山（提供：観光情報総合研究所 夢雨）

コラム

「沖縄七三〇」と与論島《よろんじま》の艀《はしけ》

一九七七年の夏、社会人一年目の夏休みに高校時代の悪友と沖縄へ行った。自身初めての沖縄である。日本本土復帰記念事業として開催された「沖縄国際海洋博覧会」から二年、復帰後に国内線となった沖縄路線を販売するための航空会社のキャンペーンが盛んになった頃である。

当時の沖縄旅行は添乗員が付いた団体旅行が中心。太平洋戦争の戦跡を巡る、いわゆる「慰霊の旅」の団体も多く、参加者は沖縄平和祈念公園にある各県毎の慰霊碑の前で手を合わせるのである。今のような高級ビーチリゾートホテルは少なく、コザ市（現在の沖縄市）にあった旧ヒルトンホテルのプールでは米軍将校やその家族が泳いでいた時代である。本土からの旅行者の多くは海洋博の時にできた那覇《なは》市内ホテルに宿泊、バスに乗ってビーチまで通うのである。我々は全日空が走らせていたバスに乗り、当時一番人気のムーンビーチまで往復した。一九七七年なので、バスは右側通行だったはずだが、その記憶は残念ながら曖昧である。私の初めての沖縄の記憶は、海の美しさと米軍キャンプから調達していると言われて食べたステーキの美味さであった。

翌一九七八年。私は当時会社の命運を賭けた大型の団体の添乗員として那覇に駐在することになった。関西方面で布団販売を手掛ける会社の顧客向けのツアーで、二ケ月に亘って、一日あたりバス二台、総勢約二〇〇〇名が沖縄へ来るのである。行程は沖縄海洋博記念公園で今も人気のイルカショー「オキちゃん劇場」を見学、二日目は南部戦跡巡り、最終日に「四つ竹踊り」を見ながらのランチと言う当時の定番コースで、二泊三日の行程が終わり那覇空港へお送りすると次の団体が到着している、というなかなかハードな仕事であった。参加者の大半がお年寄りで、ツアーのスタートは「沖縄七三〇」*前の六月なので車は右側通行であった。事前にコースの下見を行い、観光地でのバス乗降、道路の横断などお客様の安全確保に懸命だったことを記憶している。そして添乗業務終盤に「沖縄七三〇」に遭遇。当日はツアーが中止だったので、その混乱を添乗しながら経験しているわけではないが、大変重要な日に沖縄にいたことになる。

話が少し外れるが、二〇一九年、沖縄への年間旅行客数が一〇〇〇万人を超えた。世界のリゾートであり、沖縄観光が目標としていたハワイ諸島への旅行者数を超えたと言われたが、沖縄観光の凄さはその客層の広さである。あくまでも私の経験によるものだが、客層の拡がりを大雑把にまとめてみよう。本土復帰後はまずはお年寄り中心の団体。その後、沖縄の美しさ、つまり「美ら島《ちゅらじま》」に

沖縄本島・カヌチャベイ

気付いた若い女性に人気となり、すると沖縄が若い女性に人気だと気付いた若い男性へと拡がる。そして二人の思い出の地（沖縄）へのハネムーンとなり、一九八〇年頃には沖縄はハネムーンの目的地のトップにもなった。そのカップルが家族とともに訪れるようになるのである。お年寄り中心だった団体は修学旅行へと拡がり、さらには台湾・中国・韓国などを中心に多くの外国人旅行者も急増。観光庁の資料では二〇一九年、都道府県別外国人宿泊者数で沖縄県は約六〇一万泊、東京都・大阪府・北海道・京都府に次ぐ規模になった。この成長は沖縄観光の黎明期から関わっていた人たちにとっては感慨深いものであろう。

廃墟と化したリゾートホテル（与論島）

添乗業務から帰り、その年の夏の休暇は与論島《よろんじま》へ行った。まずは羽田空港から那覇空港へ。ご承知の通り、与論島は沖縄県ではないのだが、当時の離島ブームの中心で、私が悪友三人と与論島へ行った頃は女性たちに続き、（軽薄な表現で申し訳ないが）男性たちが押し寄せていた時代であった。まずは那覇市内ホテルで一泊。ステーキを堪能した翌日、那覇港から大きなフェリーに乗船した。船会社は、現在のマルエーフェリー、旧大島運輸だったと思う。船内は若い男女で大混雑。与論島に近づくとフェリーは沖合に停泊した。すると船の横腹の出入り口が開き、迎えに来た小さな艀に飛び移るのである。波が横腹に寄せ、艀が持ち上げられた時を見計らって飛び乗ったことは鮮明に覚えている。当時、事故とかはなかったのだろうか。

与論島初日の夜は現地の仕事関係の方々が懇親の席を設けてくれた。当然「与論けんぽう（献奉）」の洗礼である。知る人ぞ知る島の歓迎の儀式なのだが、車座になって島の焼酎を飲み干し、返杯を繰り返すのである。そのうちに灰皿に焼酎を注がれ一気飲み。命の危険さえも感じた一夜であった。

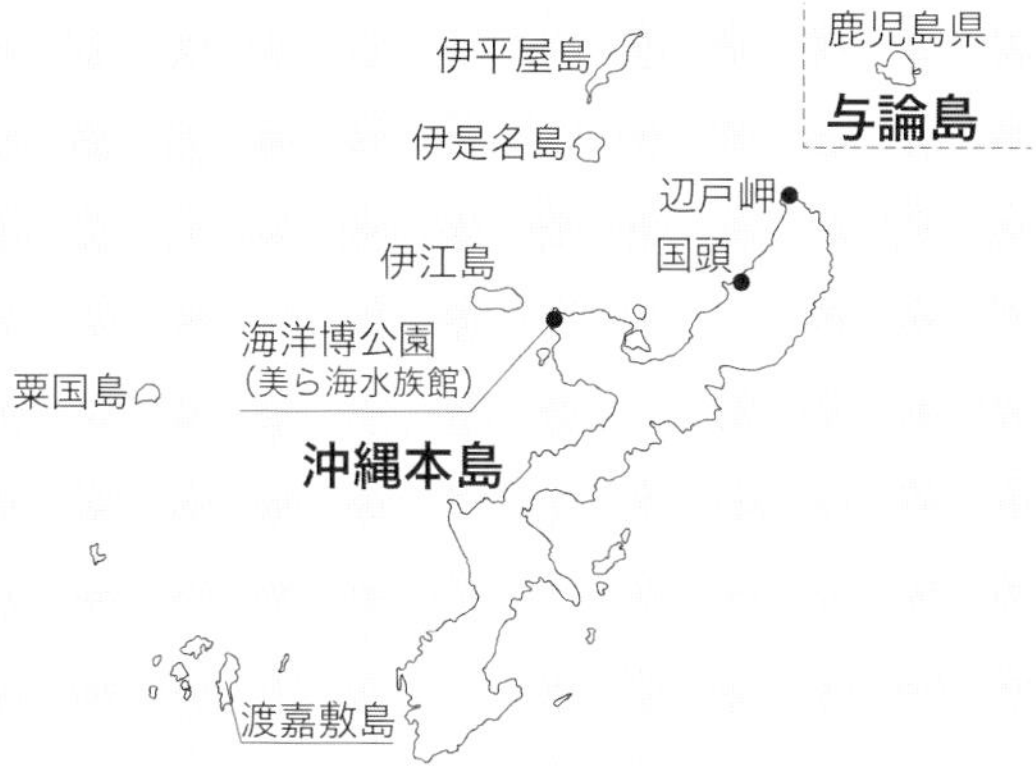

沖縄返還前には日本最南端の島だった与論島。一九七〇年代は年間約一五万人の旅行者が訪れ離島ブームの中心だった島も現在の旅行者は約七万名、コロナ禍の二〇二〇年はさらにその半分となったようだ。しかしそれは与論島が持つ魅力が褪せたわけではない。大衆芸能の人気者が移り変わっていくように大衆観光（マスツーリズム）の人気観光地も移り変わって行く。「そうだ　京都行こう」のメッセージがマジック、呪文のように日本人を向かわせ、A級観光地であり続ける京都は別格なのである。

多くの観光地のブームは去っていくものである。ならば他の観光地が目指すのはB級観光地ではないだろうか。B級とは二流という意味ではなく料理のB級グルメと同じで、はまってしまったらとことん好きで、何度でも繰り返し行ってみたい、行ったら一日でも長く滞在したい、そんな観光地のことである。（A級、B級観光地については当ブックレットの執筆者の一人である大泉敏郎氏の『私、B級観光地プロデューサーです！』（ワニプラス）に詳しい。）

あの日、波に翻弄される艀からは開港したばかりの与論空港に駐機するレインボーカラーの東亜国内航空が見えた。次は飛行機で来よう、と思ったのだが、実現はしていない。

（伊豆　芳人）

＊沖縄七三〇（ナナサンマル）

復帰六年後の一九七八年（昭和五三年）七月三〇日に沖縄県の自動車の対面交通が右側通行から左側通行に変更された。それを事前に周知するため実施されたキャンペーン名称及びその変更施行自体を指す通称。

Ⅲ　国境の島・対馬《つしま》――コロナ下の挑戦

対馬との出会い

私が対馬を知ったのは一九七七年（昭和五二年）、社会人一年生として旅行予約の電話対応の仕事をしていたときだ。当時の上司から「沖縄の久米島《くめじま》ツアーが大人気で予約が取れない。久米島ではなくて対馬のツアーに誘導するように。同じ離島だから」という、いま思えば、乱暴な指示があった。一九七〇年代後半は沖縄の第一次離島ブーム。久米島にホテルを所有していた全日空はテレビCMを含む一大キャンペーンを繰り広げ、久米島イーフビーチは、特に若い女性に大人気となっていた。電話オペレーターの仕事も、ほぼお断りをする対応ばかりだったこともあり、まだ対馬へ行ったことがなかったにもかかわらず「なるほど！」と新入の私は素直に従っていた。もちろん、対馬への誘導に乗ったお客さまなど一人もいなかった。

次の出会いは二〇〇四年（平成一六年）である。その三月に島内の六町が合併して対馬市が誕生した。平成の大合併である。時を同じくして現在でも総務省とふるさと財団が連携して推進している「地域再生マネージャー制度」が創設された。この制度は当時自治体と企業などとの「お見合い」とも言われたが、地域再生を目指す市町村が具体的・実務的ノウハウ等を有する企業などを「地域再生マネージャー」に選定して地域再生を一緒に行い、委託する際の経費の一部を助成するものだった。新生対馬市は全日空と合意し契約。「外部の視点」として私の大先輩のひとり日垣敏之《ひがきとしゆき》さんが派遣されたのだがそれが次の出会いの契機となった。対馬市の地域再生のテーマは「歴史海道・対馬づくり事業」。これは、自然・歴史・文化など対馬固有の資源を外部の視点で発掘し、分析・検証しつつ、対馬ならではの体験型観光メニューを考案し、実施するもの。私の役目は東京サイドでその活動を応援することだった。

真にアイデアマンで行動力抜群の日垣さんは派遣されると対馬名産の肉厚な「どんこ（椎茸）」を各地の全日空ホテルに売り込んだり、対馬でも希少なニホンハチミツの販売促進など大活躍し、その名は今でも対馬市役所で語り継がれている。そして旅行の分野は私が担当。何度も対馬へ行き、対馬の観光素材を捜した。

このとき新入社員時代を思い出し、久米島とはなんと違うのか、と当時の自分に冷や汗をかいたものだ。そして対馬ならではの観光テーマだとして確信したのは、「古くからの大陸や朝鮮半島との交流」であった。これは、二〇〇五年に「万葉のまほろばを歩く」（歴史海道・対馬編）として実現するのだが、これに関しては『ボーダーツーリズム――観光で地域をつくる』（北海道大学出版会）のコラムに詳しい。

簡単にまとめておけば、この旅は二〇回続いたシリーズで万葉集の歌が詠まれた地を「まほろば（素晴らしいところ）」と呼び、後に文化勲章を受章し、元号・令和の考案者とも言われた国文学の中西進《なかにしすすむ》先生および水中考古学の故田辺昭三《たなべしょうぞう》先生といった二人の大家と一緒に旅する企画であった。この歴史海道・対馬編は、その数年前に朝鮮半島（ソウルから百済《くだら》の旧都・扶余《ふよ》、慶州《けいしゅう》）の旅を実施したこともあり、対馬海峡を挟んだ復習の旅ともなった。

対馬への旅は田辺先生が体調を崩され不参加となったが、中西進先生に、万葉集の偉才とされる東茂美《ひがししげみ》さんに加え、対馬の郷土史家、永留久恵《ながとめひさえ》さん（二〇一五年ご逝去）も和多都美《わたつみ》神社で合流しミニ講義を開催していただいた。この企画は約百名の参加者に満足していただける旅だったと今なお自負するが、旅のハイライトが上対馬の韓国展望所から見たブサン市街であった。当日は地元の方も驚くような師走の青空、川のように流れる対馬海流の先にふわっと陽炎のようなブサンを眺めた時の感動は今も記憶している。実はこの体験が、私がボーダーツーリズムに躊躇なく入って行った理由のひとつだと考えている。

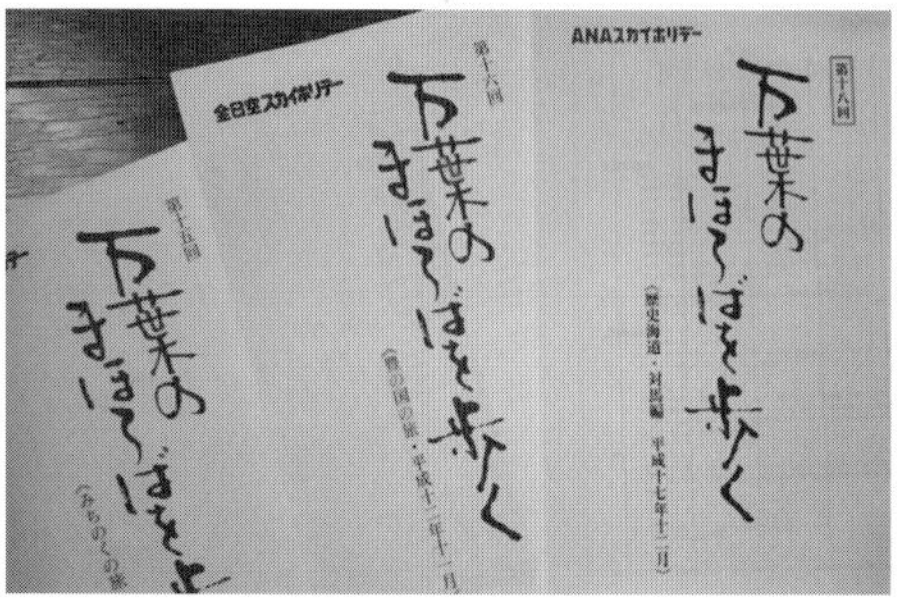

万葉のまほろばを歩く 参加者用レジュメ

そのときから対馬市には度々訪れるようになった。二〇一七年一一月には、境界地域研究ネットワークＪＡＰＡＮ（ＪＩＢＳＮ）の対馬セミナーに参加し、ツアーでは、再びブサン、しかも夜景を見ることができた。このときは上対馬の比田勝から国境を越えて、ブサンへと渡った。それからご承知のようにコロナ禍が対馬の観光を直撃するのだが、対馬の苦闘はその前から始まっていた。いわゆる、徴用工問題に端を発した日韓関係の悪化がそれであった。

韓国展望所

二〇二〇年一一月、新型コロナウイルス・パンデミックの感染状況が少し落ち着いた瞬間を見計らって、私は対馬に足を運んだ。目的はコロナ禍における対馬の観光の状況と影響の調査だ。ここからは対馬市役所での意見交換、複数の地元観光事業者からの聞き取り調査についてまとめてみよう。なお、これは二〇二一年一月二三日に開催されたＪＩＢＳＮオンラインセミナーの報告及び日本観光学会第一一四回全国大会での報告を下敷きにしている。

韓国からの観光客で賑わった対馬

対馬の観光について、これをブサンと結ぶかたちで、ボーダーツーリズム、つまり国境観光として造成してくストーリーは、ブツクレット・ボーダーズ創刊号『国境の島・対馬の観光を創る』（岩下明裕《いわしたあきひろ》・花松泰倫《はなまつやすのり》編著、品切れ）に詳しい。このブックレットはNPO法人国境地域研究センターの目玉としてすべく刊行された、いわば創刊号だが、発行は二〇一四年。そこから三年の間に、ボーダーツーリズムは社会を席巻することとなり、二〇一七年七月にボーダーツーリズム推進協議会が発足し、私が会長の任を担うのだが、対馬はボーダーツーリズムの拠点のひとつに違いない。国境が引かれた海を挟んで隣国と向き合う観光特性を生かした地域活性化が私たちの担うツーリズムの目的となっている。

さてコロナ禍の影響を受ける前年、二〇一九年の対馬空路・航路乗降客数（国内路線）は約三八万人、片道換算では約一九万人である。その内島民利用者が約一四万人、島外客が五万人、純粋な観光客は約三万人と推計される（対馬市役所推計）。島の人口も同じ約三万人。だがピークの二〇一八年には約四一万人の韓国人旅行者が対馬に来島したのだ。その経済効果は約九〇億円，同年の対馬市一般会計予算の約四分の一。さらに四一万人という対馬来島者数は、同年の韓国人訪日総数約七五三万人の約五％に及んでいた。

かねてから指摘されていた

JR九州高速船ビートル

年／交通手段	航空機	フェリー	ジェットフォイル	合　計
2018年	245,609	108,639	1,724	355,972
2019年	257,687	116,407	6,073	380,167
2020年	181,674	76,225	2,599	260,498

表1：対馬への空路・航路別乗降客数（単位：人）＊対馬市役所資料を基に筆者作成

1999年	2010年	2011年	2012年	2013年	2014年
2,017	60,278	47,696	150,836	181,812	194,032
1995年	2016年	2017年	2018年	2019年	2020年
213,676	259,815	356,316	410,309	262,166	11,094

表2：対馬への韓国人旅行者数推移（単位：人）＊対馬市役所資料を基に筆者作成

和多都美神社

懸案、島の宿泊施設収容能力も二〇一七年と二〇一九年にそれぞれ約二四〇ルームの東横インが厳原《いづはら》と上対馬《かみつしま》に開業し、韓国人旅行者の存在は確かに対馬の経済を潤し、地元の雇用に貢献していた。もちろん、人口約三万人の島にその一〇倍以上の外国人（韓国人）観光客が訪れるだから、「オーバーツーリズム」の課題もあった。実際、一部の韓国人団体観光客が和多都美《わたつみ》神社で参拝ルールを守らず、御神木の根に座る、御神木を足で蹴る、磐座《いわくら》に石を投げつける、拝殿前を占領して演説、喫煙をするなどの行為が頻発し、二〇一九年五月、神社は境内全域への参入を韓国人旅行者にお断りするといった事態もニュースとなった。

対馬市のコロナ禍の特徴と対応

コロナ禍は世界では二〇一九年一二月末から始まり、日本での最初の感染者確認は二〇二〇年一月一五日。以後、日本だけでも累計感染者は約七八〇万人、死亡者数は約三万名を超える（数字は二〇二二年四月時点）。国境の島・対馬はどうなったのだろうか。対馬の感染状況、コロナ禍の特徴、観光への影響を見てみたい。

まず対馬市のコロナ禍の特徴を整理すると三つある。（以下、数字は二〇二一年一二月末時点）

①感染者数が少ない

人口が少ないから当然、との意見もあると思うが、人口比で見るとその少なさがハッキリとわかる。対馬市における新型コロナウイルス感染確認者数は累計四七名。人口一〇万人当たりの累計感染者数を比較すると日本全体は約一四〇〇人、長崎県は約四八〇人、対馬市の人口は三万人弱だが、換算すると約一五九人になる。

②感染者一例目の確認時期が遅い

対馬市で新型コロナウイルスの一例目が確認されたのは二〇二〇年七月三〇日。日本で最初の感染確認日から一八四日後であり、第一回目の緊急事態宣言期間中（二〇二〇年四月七日から同年五月二五日）には対馬での感染確認はなかった。

③連続した感染確認が少ない

感染一例目の確認以降、四七例目まで対馬市で新型コロナウイルス感染者が確認された日数はわずか二六日。特に九例目（二〇二〇年八月二八日）から一〇例目（二〇二一年一月一三日）までの一三八日間は感染確認がなく、同時期毎日のように感染者が報告されていた東京都など大都市圏とは異なる状況が続いていた。私が訪れたのもその期間だった。対馬市役所では「出張から帰るとばい菌扱いされる。」との会話もあったが、その雰囲気には、島での感染が抑えられている安堵感も感じられた。

対馬市には感染症病床を持つ病院はひとつしかなく、病床数は四床のみ。高齢者も多いため、重症化やクラスターの連続発生は医療崩壊につながる。病床が不足した場合は長崎市まで患者を輸送する計画だったようだが「長崎市も感染者・重症者が多く現実的には受け入れは不可能だったろう」と対馬市担当者は述懐した。幸いに病床が不足する事態は現時点まで発生していないが、コロナ禍は離島自治体の医療体制の脆弱さを改めて露呈し、感染症拡大の防止の難しさが、離島ではない自治体とは異なるレベルであったと推測される。

市長からは市民、島外の人々に向けてのメッセージがたびたび発信された。島内で感染者が確認される前の二〇二〇年四月一四日には市民に対して「密閉」「密集」「密接」の「三つの密」の回避、不要不急の外出と感染が拡大している都府県への往来の自粛、家族らの対馬市への帰省の自粛と帰省した場合には外出の自粛が求められた。第一回目の緊急事態宣言が全国に拡大されるとYouTubeを使用した全国から対馬への来島・帰省自粛の「お願い」。経済・行政を含むあらゆる分野において交流が多く、生活圏ともなっている福岡市を始め都市部との交流自粛は、対馬市にとって大きな決断であったと推察される。これが島内での感染者が確認されていない時点での発信であったことは、交流よりも市民の安全を守りたいという市長の苦悩と強い決断が画面から汲み取れる。

対馬市はいわゆる「バブル」の中に自らを置いて感染防止・感染拡大防止を図ったのだが、結果的に七月三〇日に「バブル」は破れ、最初の感染者が確認された。累計感染者数が四七例に止まっている要因は、徹底した行動歴の追跡と濃厚接触者の追跡ができたこと、そしてPCR検査の徹底であった。トラベルバブル、オリンピックバブルなど「バブル」は流行語になった感もあるが、実際には「バブル」が破れることを前提とした対策が重要であることを対馬の例は示している。

二〇二〇年九月、国境地域研究センターの定例イブニングセミナーで、パラオ在住のフリーランスライター、ルルケド薫さんがパラオのコロナ事情と観光についての報告を行った。パラオは「ゼロコロナ」の島と紹介され、そのうえで、台湾とのトラベル・バブルを試行したと。だが、そのパラオも四八人のコロナ感染者を確認している（二〇二二年一月時点）。最新事情は薫さんのコラムを読んでほしい。

コロナ禍の対馬市観光への影響

冒頭でも少し触れたが、実はコロナ禍以前の二〇一九年、対馬は甚大なイベントリスクに襲われていた（ここで言うイベントリスクとは、自然災害、大事故、政変、テロ行為、感染症などの予期せぬ出来事によって交流、観光需要が大きく減退し、旅行市場に大きな混乱を生じさせる危険要因のことを指す）。悪化をたどる一方の日韓関係だ。「徴用工問題」などでこじれていたうえに、二〇一九年七月に日本政府が韓国向け半導体などの材料三品目の輸出規制を厳格化したうえで、八月に輸出先として信頼できるホワイト国から韓国を除外したことで韓国の反発は沸騰する。これは韓国政府による対抗措置にとどまらず、民間レベルでも広がった。日本製品や日本への旅行のボイコットがそれだ。いわゆる「ボイコットジャパン」により韓国ブサンなどから対馬への観光客は一気に激減した。

二〇一九年の一月から六月までは月平均約三六〇〇〇人もあった韓国人旅行者数は七月以降、月平均約七〇〇〇人に減少。対策として韓国人向けの宿泊割引などを実施するものの、たいした効果はなく、秋以降は前年の一〇％程度、月平均三〇〇〇名前後までに落ち込んだ。結果として、二〇一九年実績で韓国人旅行者は約二六万人となり、最高記録だった二〇一八年から約一五万人も減少した（韓国人訪日総数は約一九五万人の減少となった）。これは竹島問題などで日韓関係が緊張したときでさえ旅行客が減ることがなかった対馬にとっては衝撃であった。日韓関係の緊張が続き、二〇一九年一一月くらいから韓国国内でＪＮＴＯ（日本政府観光局）と当地航空会社・旅行会社による日本ツアーの共同広告が再開したものの韓国からの訪日観光客の回復は遅れた。対馬では長崎県の対馬観光復興対策の予算が積み増しされ、これを利用して対馬市は島外日本人向けツアー「しま旅」を強化する。施策として打ち出した対馬観光クーポン（二〇〇〇円で五〇〇〇円相当の宿泊・観光・飲食で使えるクーポン）の効果もあり、強化前の四月から六月は月平均約六〇〇名の参加者が、一一月から二〇二〇年二月には月平均約一五〇〇名と二・五倍となる成果を挙げた。この時期、韓国からの旅行者も二〇二〇年一月には約六五〇〇名と落ち込みが底を打った感もあったのだが、その矢先にコロナ禍に見舞われた。コロナ禍により再び減少に転じ、三月初旬にはブサン・対馬間の高速船運航会社、五社全てが撤退する。その後、今日に至るまで全く運航されないままだ。ピークの二〇一八年に約四一万人だった韓国人旅行者数が二〇二〇年は一月から三月まで約一万一千名で途絶え、前年から強化していた日本人向けツアー「しま旅」の対馬への実績は一回目の緊急事態宣言のさなか四月は六四名、五月はついにゼロとなる。

これを回復すべく、対馬市が頼みの綱としたのは、政府による国内観光支援政策、「ＧｏＴｏトラベル」キャンペーンだった。対馬市にとって幸運だったのは、前年の日韓関係の悪化への対策が、この「ＧｏＴｏトラベル」キャンペーンへの準備につながり、「しま旅」がスムーズに導入されたことで、八月、九月には月平均約二五〇〇名と顕著な実績を得た。海外に行けなくなったこともあり、国境の島が、にわかに日本の観光客のデスティネーションとなったわけである。韓国人ばかりであふれていた対馬の観光地に日本人の姿を数多く見かけるようになった。とはいえ、「しま旅」だけでは、姿を消した韓国人旅行者の経済効果をカバーすることは不可能である。度重なるコロナの波もあり、国内の人流も停滞が続き、二〇二〇年の対馬への国内線航空路利用者は前年の約七〇％、フェリーを始めとする国内航路利用者は同約六〇％にとどまった。結局、対馬観光は他の地域にはない「二年連続のイベントリスク」の影響を受けたことになる。

対馬市の脱コロナ禍に向けた新たな取組み

コロナ禍で韓国人旅行者がゼロとなった対馬観光だが、イベントリスクにいち早く対馬が動き始めていたことはすでに述べた。対馬観光復活のテーマは「韓国人観光客依存からの脱却」となる。市長をトップとする「おもてなし協議会」が立ち上がり、観光ガイドの育成・再教育など国内向けの「おもてなし」の再構築を目指している。二〇二〇年一一月、私に同行した対馬観光物産協会の若い女性ガイドは、韓国人観光客への依存が、対馬観光の「おもてなし」の劣化をも招いていたのではないか、と反省する。

　旅慣れた日本人観光客、台湾、英語圏などの観光客にも対応しうる「おもてなし」の再構築、それも観光従事者としてＵターンした対馬出身の若者が現場で頑張っている姿は、冒頭の章で述べたＤＭＯや熱海の例を想起させ、コロナ禍収束の先の光を見たように思えた。

　むろん、韓国人にとって安くて短期間で行ける海外旅行先として対馬の人気は依然、高い。対馬市は、コロナ禍収束後の韓国人旅行者を年間二〇万人程度と想定した計画も推進している。

対馬観光への期待

　対馬の観光産業の危うさは、韓国人観光客への過度の依存と、島外を結ぶ航路及び空路の量と質に左右されることだ。路線維持に加え、機材老朽化による輸送量減少への対応は対馬市の積年の課題ともいえる。対馬への航空輸送だが現在はＡＮＡとオリエンタルエアブリッジが行い、二〇一九年度の福岡＝対馬と長崎＝対馬の運航座席数は往復約三七万九千席（搭乗実績は往復約二五万七千席）だった。福岡＝対馬と長崎＝対馬をＡＮＫ（エアニッポン）が就航していた二〇〇二年度の実績を見ると往復約六五万席（同往復三五万七千席）。単純な比較はできないのだが運航座席数で五八％、搭乗実績では七二％と減少しており、搭乗率では五五％から六八％に大きく増加している。航空会社にとっての運航効率の良い路線、利用客にとっての予約が取りやすい便利な路線というバランスは難しい。これは定住人口の減少に対処すべく、交流・観光人口の増加を目指す国境・境界地域の自治体に共通の課題でもある。

対馬への搭乗案内（2017 年）

　韓国人旅行者の増加へ対応することを通じて、対馬観光の長年の課題であった宿泊施設の量（キャパシティ不足）は一定の解決をみた。地方管理空港たる対馬空港はボーイング七三七程度のジェット機離着陸が可能な一九〇〇メートルの滑走路を持ち、国際航路を持つためＣＩＱ（出入国管理）の経験も豊富で、観光客誘致のインフラは高いレベルにある。

　観光素材も豊富であり、有人国境離島法（対馬など有人国境離島の保全や地域社会維持を目的として二〇一六年四月に制定された戦後日本において初めて「国境」を冠した法律）による運賃低廉化、滞在型観光促進などの交付金もある。だが対馬は東京・大阪などから決して行きやすい、「安・近・短」のデスティネーションではない。つまり、大都市圏の旅行者を惹きつけるためには、オンリー・ワンが対馬の観光活性化には必要だということである。私が対馬のオンリー・ワンと期待するのが、前にも触れた「古くからの大陸や朝鮮半島との交流」の物語と韓国ブサンへの近さである。

これまで韓国人旅行者が島に来るというほぼ一方通行しかなかったが、福岡や長崎を経由して対馬へ、そして対馬から高速船で一時間のブサン、さらには韓国高速鉄道を利用しての韓国国内の旅には、対馬のオンリー・ワンの姿が見える。「対馬からブサンへ行く」のだ。これは日本人のみならず、東アジアを観光する欧米の旅行者にとっても新しいルート、「対馬歴史海道」となる。

二〇二〇年の対馬市訪問の際、対馬を舞台としたＰＳ４（プレイステーション）のゲーム「Ghost of Tsushima」の存在を知った。当ゲームは二〇二〇年七月に発売されたのだが、舞台は元寇時代の対馬。世界中で大ヒットしたことで、世界的にその知名度が向上している。対馬市ではコロナ禍収束後に「ゲームの聖地・対馬」にアジア・欧米からの来島者増加を期待している。その際には、同じルートで福岡や長崎へ戻るだけでなく、対馬とブサンを結ぶ旅も視野に入れるべきだろう。

実現には手配の煩雑さ、旅行費用が高額になることなど解決すべき課題もある。これはボーダーツーリズムの直面する共通の課題でもある。私はボーダーツーリズム推進協議会の活動を通して、海に引かれた国境を挟んで、対馬・ブサンなど二国間の双方向交流の活性化を夢見るようになった。対馬から韓国への〝Beyond Tsushima〟の旅と同様、与那国から台湾、稚内からサハリンの旅が、世界から訪日する旅行者の〝Beyond Japan〟の旅へ拡がっていくことを期待している。

結びにかえて

国境離島におけるコロナ禍の分析や対策の検証は終わっていないので、全体の評価は難しい。だが、リモートなどを利用した二〇二一年一月のＪＩＢＳＮオンラインセミナーの際、各島の首長たちは、ＰＣＲ検査の設備の拡大と感染者用の病床など施設の脆弱さの克服を訴えた。島の場合、検査はもとより、病院に行くにしても交通費が高く、場合によっては付添人が必要となるのもあり、これらの負担に対する対応への課題も報告された。コロナ禍の総括は、次の感染症に備えるためにも重要だろう。三年目に入った今回のパンデミックだが二〇〇八年・二〇〇九年のリーマンショックのような世界的な金融不安に類似性を見出せる。地震や水害などの自然災害とは異なり特定の被災地が存在せず、現地の感染者数が少なかろうが、感染者数が莫大な都市部との交流はすぐに止まるからだ。二〇〇九年の訪日旅行者は前年比二〇％近く減少した。日本人の海外旅行については出国数の減少は前年約三％減にとどまったのだが、業務出張での国際線利用クラスの急激なダウングレードが発生した。金融不安なので旅の安全には支障はなく海外旅行者数は微減だったが、大手企業がリーマンショック対策で経費大幅節減を行いファーストクラス利用者がビジネスクラスに、ビジネスクラス利用者がエコノミークラスに一気にシフトしたのだ。するとその「すそ野」に拡がる取引先・関係企業も一斉に同調した。単価が上がらない状況も恐ろしい。当時私も営業の現場にいて苦労したが航空会社は軒並み赤字となり、日本航空破綻の引き金となった。

またコロナとは別だが、対馬市の例は、ひとつの国や地域からの旅行者に依存しすぎる危険性も明らかにしていると思う。これは日本全体のインバウンドへの警鐘でもあろう。二〇一九年、訪日旅行者数は約三一八八万人と記録を更新したが、中国、韓国、台湾、香港の東アジア四ヵ国からの人数が約二二三五万人と約七〇％を占め、中国からだけでも九六〇万人、全訪日旅行者の約三〇％に及ぶ。日本と中国も尖閣《せんかく》諸島など様々な懸案を抱えている。日中関係が悪化したら（例えば、ウクライナ侵攻後のロシアとの関係のようになれば）、コロナが終息したとしても、日本のインバウンドは吹っ飛びかねない。対馬の教訓は、東アジア四ヵ国以外の国・地域からの旅行者をもっと増やす必要性を示唆している。

ツーリズムの目標・ゴールは「持続可能な通年観光」の実現である。日本有数の観光地である京都も沖縄も北海道も目指し、それは対馬も同じであろう。単発のお祭りや特定のシーズンだけに観光客を集めるのではなく、一年を通じてオフシーズンが少なく、当該地域に旅行者が訪れる状態を「通年観光」と呼び、経済的に多くのステークホルダーを満足させる。航空会社・鉄道会社には安定した収入をもたらし、路線の維持を容易とする。地域のホテル・旅館・飲食店などの雇用も安定する。

「通年観光」を「持続可能」にするには観光消費額を増やすことだけではないことはＳＤＧｓ（持続可能な開発目標）を出すまでもない。またツーリズムのすそ野が広いということは多様なステークホルダーが組み込まれているということを意味する。旅人や観光関連企業だけでなく地域住民、地域の環境・景観・文化財、地域の病院・医療機関など多様なステークホルダーへ配慮し、バランスを取ることが必要なことを対馬だけでなく多くの自治体がコロナ禍から学んだ。

今や「持続可能な通年観光」の実現は「持続可能な地域」を創ることと同意語である。

（伊豆　芳人）

■参考資料
・岩下明裕・花松泰倫編著『国境の島・対馬の観光を創る』（ブックレット・ボーダーズ）北海道大学出版会、二〇一四年
・古川浩司「日本におけるボーダーランド政策の新展開」『中京大学』五四巻一・二号、二〇一九年
・伊豆芳人「国境の島・対馬の観光とコロナウイルスパンデミックの影響」『日本観光学会誌』六二巻、二〇二一年

コラム　風待ちの島

長崎県五島《ごとう》列島は中国に一番近い日本の島のひとつである。遣唐使船の日本最後の風待ちの地として大変重要な島で、空海《くうかい》と最澄《さいちょう》が乗船していた八〇四年の遣唐使の船の風待ちも五島の島々だったようだ。修行後の空海は福江島《ふくえじま》（南部　下五島）玉之浦町大宝《たまのうらまちだいほう》に上陸したのち五島の島々を巡り、多くの伝説を残した。今でも「五島八十八ヶ所霊場めぐり」は静かなブームが続いている。

五島列島のユニークさは真言宗の開祖空海と天台宗の開祖最澄が教えを残したことだけではなく、キリスト教の日本最初の布教の地でもあったことではないだろうか。キリスト教については歴史書の通り、徳川幕府の苛酷な禁教令に反発した島原《しまばら》・天草《あまくさ》の乱が起こり、二万人余りが殉教した悲劇の後、開府当初は曖昧だった鎖国も完成したと言われている。

そして二〇〇年以上の年月を経た幕末。ローマ教皇は開国近い日本に再び宣教師を送り始め、宣教師たちは横浜に続き長崎にも鋭い尖塔を持つ大浦《おおうら》天主堂を建てた。そこに訪れた女性が神父に「ワレラノムネ　アナタノムネトオナジ」とささやいた、と伝えられる。これが、禁教下で心の中に信仰を守り続けた潜伏キリシタンの発見、いわゆる「信徒発見」である。潜伏キリシタンは表向きは仏教徒のように生活し、例えば天照大神《あまてらすおおみかみ》像や観音像をマリア像に見立てたり、内向きにキリスト教の信仰を続けた。世界でも稀なこの信仰形態は潜伏キリシタンの文化的伝統として世界遺産として登録され、五島にも「久賀島《ひさかじま》集落」と「奈留島《なるしま》の江上《えがみ》集落」という世界遺産構成資産、二〇以上の教会がある。

一方、遣唐使遺跡は「国境の島―古代からの架け橋」として日本遺産に認定されており、総面積が東京二三区ほぼ同じの五島列島は世界遺産と日本遺産の両方がある奇跡の島々なのである。

風待ちの島・五島列島の沖合の海は歴史の通り道、回廊でもある。遣唐使船に乗っていた空海も最澄も道標として上げられたのろし、篝火を見たことであろう。また日露戦争の日本海海戦時に「敵艦見ゆ」の第一報を受信した通信所があったのが福江島の大瀬崎《おせざき》。大瀬崎は太平洋戦争で南方へ出征する兵隊たちが最後に見た日本の風景とも言われている。鎮魂碑と祈りの女神像（一九七八年建立）が立つ丘から見下ろす大瀬崎灯台と広がる海原は一見の価値がある。

ボーダーツーリズム推進協議会（略称ＪＢＴＡ）のメンバーのおひとりでもある五島市の久保実《くぼみのる》副市長はこう書いている。「五島のように国境地域にある離島はこれまで旅の到達点でしたが、ボーダーツーリズムを活用す

十字架が刻まれている「くする地蔵」（堂崎教会）

ることにより始発点になることができます。その優位性を生かして島の振興につなげていきたい。」（「旅するカモメ／ボーダーツーリズム」『毎日新聞』日曜版コラム、二〇一八年九月九日）

　国境・境界地域は日本の「端っこ」であり、「出入り口（ゲートウェイ）」でもあり、それが真に興味深い、独特の観光資源にもなっている。

　さて二〇一八年秋、私は真に貴重な体験の機会を逃した。ＪＢＴＡは境界地域研究ネットワークＪＡＰＡＮ（ＪＩＢＳＮ）を母体としている。ＪＩＢＳＮは「学、思、行相まって良となす」を実践している団体で、境界地域でのセミナー開催だけでなく毎年ボーダーツーリズムの実践としてエクスカーションを行ってきた。例えば設立セミナーの際には与那国＝台湾間にチャーター機を運航し、二〇一七年の対馬セミナーの後は高速船でブサンへ渡っている。二〇一八年のＪＩＢＳＮのセミナーは長崎県五島市で開催された。私を含む日本全国からの参加者はバスや船を使って潜伏キリシタンの世界遺産構成資産などを見学し、五島市主催の夕食歓迎会では五島の味覚を楽しんだ。この年のエクスカーションの目玉は五島つばき空港から韓国済州《チェジュ》島国際空港までのチャーター機の運航であった。五島つばき空港にとっては初の国際線就航、当然出入国検査（ＣＩＱ）の設備などはなく、五島市役所スタッフとＪＢＴＡの事務局を務める旅行会社ビッグホリデーの努力により、五〇人乗りのＥＲＪ１４５（コリアンエキスプレス）を準備。臨時のＣＩＱ機能を整えたのである。しかしながら、私は外せない所用のためチャーター機に搭乗することはできず、野口市太郎《のぐちいちたろう》市長を含む四九名を乗せた五〇人乗りジェット機をお見送りする役目となった。そう、一席だけ空いてしまったのである。

済州チャーター便（五島つばき空港）

　五島列島から一番近い外国は韓国済州島。ジェット機での所要時間は正味三〇分だが、直接交流できる交通手段が今はない。わずか約二〇〇キロメートルだが近くて遠い存在である。かつては黒潮にのった海民の交流があり、両島ともに溶岩海岸（済州島の火山島と溶岩洞窟群は韓国初の世界自然遺産）を持ち、ツバキの島として有名で似通った景観があるようだ。五島は空港の愛称となったり、国際ツバキ会議が開催される程で、世界的名花「玉之浦」が有名、済州島にも観光スポットとして済州椿樹木園がある（久保副市長のコラムを参考）。真に国境線を挟んでふたつの島はシンメトリー。ボーダーツーリズムの魅力のひとつが「国境線を挟んだ彼我を比較すること」にあることがわかる。

　それを自らが確認する機会を逃したことは返す返すも残念でならない。

（伊豆芳人）

Ⅳ　ニュージーランドから見た　コロナ下の観光施策

はじめに――コロナ禍のなかで

二〇二一年一二月の年の暮れ。世界を席巻している新型コロナウイルスも、その感染状況は国により異なり、また日々変化している。目下、最大の懸念は二〇二一年一一月に南アフリカで最初に発見された変異株、オミクロンの動向であろう。日本国内では、政府が掲げた「一一月末までに全人口の八〇％がワクチン接種を完了する」という目標をほぼ達成し、一二月中旬までの新規感染者数は激減した。一方、人流が大幅に増加した年末年始を境にオミクロン株が蔓延しはじめ、いわゆる第六波が一気に日本を直撃した。ワクチンのブースター接種（三回目接種）が一二月に始まり、三月には五～一一歳児童へのワクチン接種が開始されたが、先行き不透明なウイルスとの闘いは続くだろう。オミクロンが終息したとしても、新たな変異種がいつ生まれるか誰も予想できない。

「コロナ根絶の道」を目指したニュージーランド

私が観光事業として深いかかわりをもつニュージーランドは、コロナ対応について際立った施策をとっていることでよく知られている。実際、新型コロナ発生直後の二〇二〇年三月から約一三ケ月の間、ジャシンダ・アーダーン首相率いる政府の強いリーダーシップのもと、ウイルスの根絶を目指し厳しい水際対策をとった。ロックダウンを全土に敷き国境を封鎖することで、国外からのウイルス侵入の可能性を徹底的に阻止したのだ。その結果、感染者数はほぼゼロとなり、国民は他国の混乱をよそに、マスクをつけず自由度の高い、コロナ前の日常とほぼ変わらない生活を過ごすことができた。首相は国民に対し、「五百万人のチーム」と呼びかけ、全国民が一丸となって新型コロナウイルス根絶に向けて戦うことを訴え、高い支持を獲得した。

成田国際空港→オークランド国際空港
直行便　約10時間40分
距　離　約9,300km

だが二〇二一年八月一七日、国内でデルタ株が発見されたことで事態が一変する。これは隣国オーストラリアとの「トランスタスマン・トラベルバブル」（タスマニア間での外部と非接触を徹底した旅行）と呼ばれる、出入国直後に隔離期間を設けないかたちでの二国間の往来が始まってから、四ヶ月後に生じた事態である。このトラベルバブルを通じてオーストラリアへ旅行した帰国者から、デルタ株がもたらされたのである。ニュージーランド政府は速やかにオーストラリアとのトラベルバブルを停止し、再び出入国の禁止と国内の移動を止めるロックダウンを再開した。わずか数名程度の感染者が発見されただけにも関わらずの施策であった。

徐々に国全体のロックダウンは解除されていくものの、感染の発生源であったニュージーランド最大の都市オークランドは四ヶ月近く、つまり一二月中旬まで、警戒レベル四段階のうち、レベル三の行動規制が続いた。（レベル三では必要不可欠な外出以外は自宅にとどまることが強く求められ、ビジネスでは顧客との接触を避け、職場の衛生対策を講じた場合には再開できるが、可能な限り在宅勤務を行うことが求められる。小売業や飲食業などはオンラインや電話での販売に限定し、非接触型配送などによる受け渡しのみ可能となる）。これに伴いニュージーランド政府観光局が当時実施していた国内旅行のキャンペーンも一時停止となった。

このキャンペーンは〝Do Something New. New Zealand!〟と銘打ち、定番の観光地ではなく、知られざる隠れスポットや新しい体験を紹介する動画を制作しメディア展開するもので、国内旅行の需要促進に大きな効果を上げていた。また私たち、ニュージーランド政府観光局の日本オフィスをはじめ海外支局も変更を余儀なくされた。それまで描いていた、外国に国境を開く道筋、つまり、リカバリープランがほぼ白紙に戻ってしまったのだ。リカバリープランとは国境再開のタイミングを可能性の高い三つの時期で想定し、それぞれプライム（準備期）、イグナイト（開始期）、スケール・アップ（拡大期）という三段階に分けて海外からの渡航者数回復を目指す、本格的なマーケティング活動再開のシナリオであった。

ニュージーランド政府も懸命に対応を急いでいた。「ゼロ・コロナ」に力を注いでいたことで、ワクチン接種は世界に後れを取っていた。当時（二〇二一年秋）のワクチン完全接種率はわずか一九％。以降、ワクチン接種を急ピッチで進め、クリスマスまでに接種率九〇％（接種可能な国民を対象）という目標を掲げ、欧米諸国同様の接種インセンティブを導入し国民にこれを訴えた。インセンティブの内容は、飲食店での割引きや抽選で賞品が当たるといったものから、空港内の旅客機客室をワクチン接種会場として使用し、接種後に格納庫の見学ツアーや客室乗務員による軽食とドリンクの無料提供を受けられるものなどもあった。また政府は航空会社、観光業など対面での接客を伴う企業の多くに対しては、全社員・全従業員のワクチン接種を義務づけた。これらの強制措置に反対する国民が各地で抗議・反対運動を起こしたものの、結果として多くの国民はワクチン接種に協力し、一二月二六日現在で接種対象者の九一％（全人口の七五％）が二回の接種を完了した。ワクチン接種の加速は九月以降であったことを思えば、わずか三ヶ月余りでのスピード達成といえる。

もちろん、ニュージーランドの五百万人という少ない人口も考慮しなければならないが、ニュージーランドではワクチン接種の推進力が政府そのものにあったことは事実である。国民の政府に対する信頼度が高く、ロックダウンや行動規制に伴う不自由な生活に不満を感じながらも出口を求め、政府に従いワクチンを接種した。首相がキャプテンを務める「五百万人のチーム」は老若男女を問わず、政府のワクチン促進に協力したのである。

国境再開のロードマップ

世界の観光産業の動向に目を向けると、北半球は夏のホリデーシーズンを前にヨーロッパ諸国がワクチン接種完了者を対象に緩やかに域内での往来を再開し、二〇二一年一〇月からはシンガポールが「ワクチン・トラベルレーン（ＶＴＬ）」という水際対策の緩和策を開始した。ワクチン接種完了者を対象に、感染状況が落ち着いている国・地域と相互に隔離なしの渡航を可能にするという取組みである。シンガポール政府は二〇二二年三月三一日にＶＴＬを終了とし、世界の全ての国からワクチン接種済みの旅行者を隔離なしで受け入れることを発表。到着時の検査も不要になり、さらに出発前の検査の不要化も検討されている。

米国も一一月から海外からのワクチン接種完了者の入国を再開し、オーストラリア政府も八月に国家計画を発表し、新型コロナウイルスゼロ戦略から、共存共生へと大きく戦略をシフトした。そして自国のワクチン接種率が八〇％を越える一二月から日本や韓国を含む一部の国・地域との国境を解放するという計画を発表していた。しかしオミクロン株の出現がこれらの動きを中断させた。国境を開放し、往来を再開した国々も急遽、入国後数日間の自己隔離を義務づけるなど、流動的な対応を求められた。

一方ニュージーランドは、デルタ株の根絶に時間を要し、諸外国に比べ国境再開へのロードマップ策定にやや立ち遅れた感があった。特に隣国オーストラリア政府と比較しても遅れ気味であった。その結果、インバウンド・ビジネスに依存する観光業者たちの間で不満が高まり、政府に今後の国境再開プランの提示を求めるロビー活動が盛んになっていった。民間ビジネスにとって長期間の国境封鎖は死活問題である。国内メディアで論争が繰り広げられ、政府の対応の遅さを批判する記事や投稿が見られるようになった。そのなかで野党、国民党が存在感を強めていった。国民党の党首はニュージーランドを代表する航空会社の元ＣＥＯである。また長期にわたる厳しい入国規制は海外在住のニュージーランド国民の里帰りも困難にし、彼らからの不満も爆発した。

政府は帰省する自国民に対し、国内の一部のホテルを借り上げ一定期間の管理隔離を義務づけていた（隔離期間は当初一四日間であったが、国内の感染状況に応じ七日間、一〇日間と変動した）検疫局が隔離施設の予約サイトを運営していたが、久しぶりに母国に帰りたいと願う帰国希望者の数が急増し、隔離施設のキャパシティー不足が発生、施設の利用可否が予約制から抽選制に変更された。管理隔離の必要性は理解していたものの、抽選にもれた人々の間で隔離施設の運営手段に対する不満や、また国内で集団感染が発生している状況で管理施設でまとまって隔離されることへの疑問、懸念も生まれ、大きな混乱が発生していた。

　これら一連の出来事はジャシンダ・アーダーン首相の国民的人気にも影響を及ぼし、一〇月末から一一月初旬にかけて行なわれた国民の支持政党調査によると、与党労働党の支持率がコロナ以前の六三%から四一%までに低下していた。（一方、ジャシンダ・アーダーン首相自身への支持は他の政党党首に比べ、引き続き圧倒的な高さを誇っていた。）

　これらの事態を重く見たアーダーン首相は、二〇二一年一一月十七日、ワクチン接種率が一二月中旬には九〇%前後になることを見込み、記者会見を開き、国境再開への計画を発表した。"Traffic Light System"という、国内各地域を「緑・オレンジ・赤」で段階分けした、一種の信号システムであり、国内の感染拡大を防ぐと共に、ワクチン接種パスの所持者がより自由に行動できることを目的とした新型コロナウイルス保護枠組への移行である。

コロナ規制について語るアーダーン首相
（2021年5月）　提供：時事通信

　現在、この枠組に沿って、ワクチン接種済みの国民を中心に国内の移動や様々な行動制限を緩和し、経済活動を再開しながら、感染リスクを抑える試みが施行されている。

　海外からの入国に関しては段階的に制限を緩和していく。まずは海外在住の自国民が帰国した際に管理隔離を不要とした。次に外国からの旅行者に対しても、ワクチン接種証明と検査による陰性証明書の提示、また入国後七日間の自主隔離を条件に入国受け入れを発表した。ニュージーランドもついに、これまでの徹底した水際対策を緩和し、コロナ根絶から共存の道へと戦略転換を図ったのだ。しかし観光業界を中心に、外国からの旅行者に対し課せられる入国後七日間の隔離規制への反発が強く残った。

　そして二〇二二年三月一六日、ついにニュージーランド政府は四月一二日深夜よりオーストラリア人の自主隔離なしの入国受け入れ、また五月一日深夜からは日本を含むビザ免除国からの自主隔離なしの入国受け入れを発表した。七月からは就労ビザ取得者、一〇月からは観光ビザ、学生ビザなど全てのビザ取得者へと順次拡大される予定である。さらに三月二三日、アーダーン首相は国内でのオミクロン株感染のピークが近づいており、接種対象者国民の九五%がワクチン接種を完了したことで高い水準の集団免疫を獲得したとし、今後の新しい経済活動をサポートし前進するための力強い基盤として、感染ピーク後の保護枠組み（通称：信号機システム）の改訂内容を発表した。ワクチン接種証明書（ワクチンパス）のシステム自体は維持しつつ、特定の業種、イベント、会場以外はワクチンパスの提示を求めず、また医療、高齢者介護、収監施設、国境管理に従事する者以外のワクチン接種義務を撤廃する。また新たな変異株の発生及び将来の感染急増に備え、信号機システムは維持しつつ、規制の簡略化を図り、色分けの設定を定期的に見直す。当面は「赤」の設定だが、四月一四日に見直しを行い、安全が確認された場合は「オレンジ」に移行し、最終的には「緑」に移行する計画である。

対照的に日本では、いまだ国境再開へのロードマップは見えていない。現状、ワクチン接種完了者でも日本から海外に出国すると帰国時に実質三日間の自主隔離が義務づけられている（二月二十四日付けで七日間から短縮された。またブースター接種完了者は自主隔離不要となった）。新型コロナ感染が発生した当初、対応の遅さに批判を受けていた水際対策も、岸田文雄政権のもとでは強化された。だが、行動制限の段階的な緩和の道筋は明確に示されていない。あくまで感染状況の改善に応じて制限を緩和していくという程度の情報だ。

ニュージーランド政府がコロナ対策で評価されるべき点は、アーダーン首相率いる政府の強いリーダーシップと国民に分かりやすい段階的な目標設定と、その情報発信力だろう。アーダーン首相はＳＮＳのライブ配信なども使い、国民と直接的なコミュニケーションをとることにも努めてきた。繰り返しになるが、目標とそれを達成する道筋を迅速に国民に示し、伝達する。つまり、国のコロナ対策を可視化させ、透明性を担保し、発信する力がそれだ。政府が国民のために何をやっているか理解し共感できるからこそ、信頼が生まれるのだ。

コロナ禍で私たちが取り組んだこと

コロナ禍の観光戦略に関していえば、ニュージーランド政府観光局は、国境が閉鎖されている間、海外マーケットでニュージーランドのデスティネーション（旅行地）・ブランドの認知や好感度を高めることに注力してきた。いわば、国境が再開されたときに、ニュージーランドを旅先として選択してもらえるようなプライオリティをも持たせることを目標とした。国の観光産業に対するマーケティング機関である観光局は、一九九九年以来現在に至るまで二三年間にわたって「一〇〇％ピュア・ニュージーランド」というブランドを携え、この国の経済、自然環境、社会、文化の四つの基幹分野を踏まえ、国を豊かにするための観光業の発展を目指してきた。新型コロナ発生以前、観光業はニュージーランドにとって外貨獲得のための最大の産業であり、ＧＤＰの五％を占める経済効果及び、国内雇用人口の八・四％を担うビジネスとなっていた。

キャッスルポイント、ワイララパ地方（1）
提供：Daniel Rood

コロナ禍を踏まえ、二〇二一年に策定された趣意書（State of Intent）は、前述したニュージーランドのブランド、その価値や評価を高めること、サステイナビリティ、生産性、多様性、包括性の時代への移行を踏まえた観光業のリカバリーを促進すること、そして海外からの旅行者及び国内の旅行者を可能な限り増やすという目標を掲げている。

ニュージーランド政府観光局が掲げるデスティネーションのブランド価値は三つあり、左に示すように、いずれも先住民族マオリの思想に深く根ざしたコンセプトである。

Tiaki（ティアキ）

後世のため、大地や海など環境を守り、文化を敬い、人々への配慮の行動を促す考え。ニュージーランド国民だけでなく、海外からの旅行者の参加も呼びかける。

Manaakitanga（マナアキタンガ）

自分たちのもつ最高のものを惜しげなく客人に提供するという、最善のもてなしを意味する。提供するものは必ずしも有形ではなく、自分たちの時間やその土地の歴史、また客人をもてなす精神を示す。

Whanau（ファナウ）

家族や親戚、友人など自分が愛する大切な人たち。

現在、ニュージーランドでは国全体で、マオリの世界観（Te Ao Māori）、つまり、生命あるもの、ないものすべてが繋がり循環しているというコンセプトを重視する動きがある。ニュージーランド政府観光局でもブランド価値を始め、マーケティング戦略にこのマオリの世界観を反映させている。

ニュージーランド政府観光局では新型コロナ発生直後の二〇二〇年三月に一切のマーケティング活動を停止し、三ヶ月後の六月になんとか活動の再開にこぎつけた。局内ではマーケティング、PR、旅行業界担当という3つのチーム編成で、それぞれのパートナーであるクリエイティブ・エージェンシー、メディア・エージェンシー、メディア（媒体）各社、そして旅行会社や航空会社との連携を図り、それぞれの活動を行っている。日本マーケットにおけるニュージーランドのデスティネーション・ブランドの認知、好感度を高めることで、旅行需要を拡大させ、渡航者へとつなげていくための体制である。伝達、コミュニケーション経路として、いわゆるトリプルメディア戦略でいうペイド（Paid）、オウンド（Owned）、アーンド（Earned）に、トレード（Trade＝旅行業界）を加えたPOETチャネルを擁している。このチーム編成は国境再開後も変わらない。

テプイア／ロトルア（2）　提供：Fraser Clements

コロナ禍の二〇二〇年六月以来ほぼ毎月にわたって「一〇〇％ピュア・ニュージーランド」ブランディングを掲げたシリーズ動画「ニュージーランドからのメッセージ」をコンテンツとして配信してきた。日本だけではなく欧米や中国など全マーケット向けのグローバル動画に加え、日本人がより直感的に理解し、共感できるよう、日本マーケット専用の動画も制作した。日本マーケット専用の動画では、日本の社会現象を背景に、日本人がよく知るインルエンサーを起用したり、星空や野生動物、食など日本人が好む旅の体験をテーマとして取り上げた。

　新型コロナが生んだ社会的影響が、国境を越えた人と人の繋がりの断絶と孤立であるとすれば、私たちはニュージーランドからのメッセージ動画を送り届けることで日本のオーディエンスと再び繋がり、共感し、会話するコミュニケーション戦略を目指してきたのである。日本マーケット専用の動画はグローバル動画以上に、動画の完全視聴率が高く、オーディエンスからの「いいね」やシェア、好意的なコメントなど、高いエンゲージメントを獲得した。

プカハ / マウント・ブルース国立野生動物保護区(3)
提供：Camilla Rutherford

日本の対応を考える

　さて日本では政府主導の経済再始動事業として、二〇二〇年七月下旬から「ＧｏＴｏトラベル」が実施されたことは読者の記憶にも新しいだろう。これはコロナ禍で窮地に陥った旅行産業への支援策であった。具体的にはキャンペーン期間中、指定旅行代理店において旅行商品を購入したり、インターネットのホテル予約サイトから宿泊予約した利用者に対し、代金の最大半額相当分を購入時の割引や観光地の飲食店や土産物店で使える地域共通クーポン券で支援するというものである。

　この事業は、新規感染者数が増加傾向のなかで前倒ししてスタートさせたというタイミングの悪さ、また参加する旅行事業者の大半が大手企業で中小企業に手が差し伸べられていない、半額で利用できる点から比較的高額な旅館やホテルへの利用に偏ってしまったという関係者からの不満や、ホテルや旅館への地域共通クーポンの配布遅延など、オペレーション現場での混乱も少なからずあったようだ。

　このように賛否両論を引き起こし、一部では強く批判されたものの、国内旅行の需要を押し上げる喚起策として効果をあげたことは疑いない（一方、それがコロナの収束を遅めたり、新たな波を拡大させた可能性も否めない）。

　この日本の取組みはニュージーランドをはじめアメリカなどの海外からも評価されていた。ただし、「ＧｏＴｏトラベル＝ディスカウント（割引）・キャンペーン」と紹介される傾向があり、旅行代金の割引以外の施策、付加価値をどうつけるのかという中長期的視点からの施策の検討が期待されている。日本経済が抱えるデフレスパイラルからの脱却の取組みとしても、新型コロナ収束後をきっかけに、日本の旅行・観光業界、そして消費者が、「価値のあるものに対価を払う」というマインドにシフトしていくことが肝要だろう。

　折から、観光庁の二〇二一年度予算は、観光産業の変革を謳い、

「新たなビジネス手法の導入による宿泊業を核とした観光産業の付加価値向上支援」に前年度予算の約五・五倍の予算が計上された。既存のモデルと異なる「新たなビジネス手法」の導入による付加価値向上策の方向性とは何か定かではないが、その具体策に期待が高まっている。

　私見を述べれば、今後、日本が観光立国を目指すうえで試すべきことは多々あるように思う。観光資源の豊富なこの国は、歴史、自然、文化、食などに加え、伝統と現代的な観光要素を併せ持ち、価格の選択肢が広い。だが、この多種多様さが逆に、訴求軸の不鮮明さを生むことにもなりかねない。

　実際、海外の人々に日本に対するパーセプション調査を行ったら、いくつのキーワードが出てくるだろうか。経済力、技術力、京都に代表される伝統文化、豊かな自然、富士山、相撲、ゲイシャ、ファッションやスシ、テンプラなどの和食名に加え、今やユニバーサルな世界共通語と化したカラオケ、アニメ・マンガ、オタク、カワイイ、エモジといった現代文化に紐づいた言葉や、モッタイナイ、ネマワシなどの日本人の習性に関係するキーワードもありそうだ。

　多様な観光資源に甘えず、コロナ以後の時代に備えて、あえてシングル・マインデッド・プロポジション（Single Minded Proposition／差別化を図る唯一無二のものを言語化したもの）を導き出し、日本のデスティネーション・ブランドの核に据えて海外マーケットで展開していくことを真剣に考えるべきときだと思う。この一点戦略が果たして実現可能なのか、それは良くも悪くも日本の複雑な組織構造・体制を考えると大きな挑戦だと思う。しかしながらニュージーランドという、比較的歴史が浅く、シンプルなものの考え方をよしとする国の仕事に携わっていると、敢えてひとつのことに集中する、という挑戦の意義を感じる。

日本といえばこんな風景が浮かぶかも

　安倍《あべ》晋三《しんぞう》元首相の所信表明演説で有名になった「美しい国、日本」ではないが、私見では、日本の風景、文化、言語、伝統の根幹を成し、日本人の心にも宿るものは「美しさ」だと思う。また日本の文学、芸術や建築などに見られる奥深さ、行間を読み他人の気持ちを推し量り配慮する人々の感性の深さは日本独特の価値だと思う（日本人の間接的な表現方法が、時に分かり難いと外国人から言われることもあるが）。「美しい／ウツクシイ」というポジショニングで、レンタカーや列車など旅情を感じさせる移動手段を使い日本各地のウツクシイに出会う旅など、魅力的だと感じるが、どうだろう。

ツーリズムに込める期待

二〇二二年中盤以降、世界は国境の再開放に向けて大きく動くであろう。コロナ禍で消費者の思考、行動は確実に変化し、海外旅行に関しても旅行者のニーズや動機づけ、旅行スタイル、旅行商品の購入方法、また旅行自体の頻度や滞在期間などに変化が見られるに違いない。グーグルやオンライン旅行会社などが実施した旅行に関する意識調査の結果では、コロナ後、人々は清潔・衛生・安全面を重要視し、旅行地でも混雑や集団行動を避けソーシャルディスタンスが保たれ、広大でオープンな場所を好むという傾向が見られた。また旅行を計画する期間がコロナ以前と比べ長期化する一方、旅行実施の頻度が減り一回あたりの滞在期間が増えるという調査結果もある。情報入手、旅行の予約・手配のデジタル化が加速し、航空会社や旅行会社にはキャンセル時の対応の柔軟性を求めている。海外の国々ではSDGsや持続可能な観光への認識の高まり、環境に配慮した旅行への興味・購入意向が強まっているようだが、日本ではまだそこまでの顕著な変化は見られていない。

ニュージーランド政府観光局では現在、すでに述べたようなマーケティング戦略をもとに、さらに進化したブランディング・キャンペーンの開発を手掛けている。コロナ以後の時代を見据え、世界における自国のポジショニングを見極め、激化するデスティネーション間の競争のなかで一歩抜き出ようとする、新たな挑戦だ。もちろん「一〇〇%ピュア・ニュージーランド」は不変であり、これはその新たなチャプター（章）の始まりである。

余談だが、ニュージーランドには人を「褒めて、育てる」文化が根づいている。出来る出来ないではなく挑戦すること、その姿勢、取組み自体を評価するプラス思考がある。ニュージーランド人の友人に聞くと、親たちは子供が上手くできたことを認め、褒めて、伸ばす。学校教育でも正解、不正解だけでなく、自分で意見を考え自主的に発言する個性を重要視している。大人に成長してからも、挑戦することを褒め、認め、評価する。前述のニュージーランド政府観光局が現在開発中のキャンペーンも、まさにこのチャレンジャー精神が軸となっている。

以前、ニュージーランド人の上司がよく「fail first」と言っていた。早く失敗を繰り返すことで誰よりも早く上達する、といった意味だ。日本の叱咤激励、マイナスを克服させようとする育て方と逆である。私自身、子供の頃、あまり面と向かって親に褒められたことがなかった。こういう教育だと、打たれ強く我慢強い性質に育つ傾向はあるが（とはいえ、途中で耐えられないとドロップアウトしてしまうこともある）、それゆえ、失敗を避けて通る習性が残りかねない。これは社会に出てから、人と違う意見を言い難い環境に遭遇することにもつながる。

フッカーバレー／マウント・クック国立公園 (4)
提供：Miles Holden

ワクチン接種率の目標が達成されたときでさえ、ワクチン在庫の確保に奔走した政府や菅義偉前首相の功績を称える声はメディアや国民の中からほとんど生まれなかった。私はこれをよくやったと評価できる社会でありたいと思う（今になって再評価されているようだが）。また先述の「ＧｏＴｏ

トラベル」もいくつかの問題点はあったとして、一定の効果を上げた点について相応の評価がされるべきだと思う。失敗を恐れず、まずはやってみることも時に必要である。

むすびとして、コロナ禍の中、私が考えた旅行の意義について述べておきたい。旅行は余暇を楽しむこと。余裕があってはじめてかなうレジャーだ。有事では不要不急と言われやすい。二〇二〇年三月から現在までの、国内や海外の旅行規制をみればよくわかる。

だがこの間、世界で何が起こったのだろうか。人々が世界を旅しその地の人々と触れ合うことを止めた結果、まるで世界が分断されたかのような出来事が起こり、閉ざされた考え方が流行り、これがインターネットを通じて拡散され、増殖している。人類は他人や他国との交流を通じて、自らの文化や経済をも発展させてきた。旅行は平和産業である。

平和だから旅行ができるというにとどまらない。旅行が平和を生み出すと私は考える。その意味で、分断の社会、引き裂かれた世界を再び結びつけるものとして旅行の再生を心から願う。もちろん、オーバーツーリズムや（人々が動くことによる）気候変動など、ツーリズムが負う影の部分もある。自由な旅行は、サステナビリティ（持続可能性）への取組みが前提となる。後世の人々に、可能な限り、いまの豊かな観光資源を残すことは私たちの義務でもある。ツーリズムは人間と社会の共存の担い手だと私は考えている。

（矢島　節子）

■参考ＷＥＢサイト

https://covid19.govt.nz/assets/resources/tables/COVID-19-Alert-Levels-summary-table.pdf

https://covid19.govt.nz/languages-and-resources/translations/japanese/the-covid-19-protection-framework/

https://covid19.govt.nz/traffic-lights/traffic-lights-map/

https://www.nzherald.co.nz/nz/politics/covid-19-delta-outbreak-labour-down-in-two-polls-as-support-crumbles/PXOYMDH7HLCVUPP5IN46M5RHEU/

https://www.beehive.govt.nz/release/post-peak-plan-safe-return-greater-normality

https://www.tourismnewzealand.com/about/about-the-tourism-industry/

https://www.tourismnewzealand.com/media/4368/tnz-statement-of-intent-soi-web.pdf

YouTube ニュージーランド政府観光局チャンネルリンク：

https://www.youtube.com/channel/UCq11DcrM6v2-HltyTqHi55g

■写真解説

(1) キャッスルポイント／ワイララパ地方
キャッスルポイントは首都ウエリントン近郊のワイララパ地方にある景観保護区。夜になると満点の星空が現れ、魅了される。

(2) テプイア／ロトルア
テプイアは温泉、マオリ文化の中心地として知られるロトルアの一大文化・観光施設。間欠泉、地熱地帯、マオリ文化の工芸学校などを有する。

(3) プカハ／マウント・ブルース国立野生動物保護区
プカハ／マウント・ブルース国立野生動物保護区は、絶滅の危機に瀕する固有種の保護に力を入れている。国鳥キウイバードも飼育されている。

(4) フッカーバレー／マウント・クック国立公園
フッカーバレーは国内最高峰マウント・クックを擁する国立公園内の渓谷。手軽に楽しめるアルパイン・ハイキングで日本人旅行者にも人気が高い。

コラム

パラオ――コロナ下の挑戦

旅とは、出先の人に触れ、食べ物を食べ、気候や文化を含む空気を味わうものである。人の移動と交流なしには成り立たない。新型コロナウイルスの流行による国際的な行動規制は、世界中に大きな変化をもたらした。リモートワークやオンライン授業、IT技術の発展や働き方改革は、いい意味での変化だったと思う。ただ、やはり旅に限っては、バーチャルというわけにはいかなかった。人の移動と交流が制限されたまま、どう旅の良さを魅せたらよいだろう？

パラオは観光立国である。国内産業の六〇％以上がサービス業というパラオにおいて、コロナ禍のダメージははかりしれない。二〇二〇年の四月から六月の間、パラオは感染拡大を恐れて完全に空港を閉鎖した。観光客どころか、留学先の大学や学生寮の閉鎖で帰国を余儀なくされたパラオ人も、倒産や人員削減で出国を余儀なくされた外国人労働者も、誰も出入国できなくなった。最後に観光客を受け入れたのは、二〇二〇年三月末の、殆どが日本からの観光客という日本航空チャーター便であった。これに先だち、留学中のパラオの若者を乗せたユナイテッド航空「帰国便」の欠航が決まっていたため、本邦人より観光客を優先したと、パラオ国内から批判があがった。

今思うと過剰反応にも思えるが、最も人気の観光スポットである国立公園を含む公共施設は閉鎖され、レストランも観光客お断りとなるなど、物々しいムードで包まれた。その後、徐々に、「入国者なし」、つまり、カラで飛んできて出国者を乗せて帰るお迎え便（ferry-in flight）、もしくは入国者を限定したチャーター便のみ就航され、国外に取り残されていたパラオ人留学生も随時、帰国。国内で失業した外国人労働者も出国することができるようになった。だが、観光客の入国は引き続き制限されていた。

翌二〇二一年一月からようやく事態が変わり始める。国民へのワクチン接種、ホテルやレストランなどの観光従事者への感染防止トレーニングが開始された。空港閉鎖のおかげか市中感染はなかったが、観光客を受け入れることに否定的な世論が強いなか、四月、パラオは台湾との限定的チャーター旅行「トラベルバブル」を実現する。トラベルバブルとは、特定の国家間において、限定的に渡航制限を解除するプログラムであり、台湾とパラオのケースは、アジア初、純粋に観光のみを目的としたものとしては、世界初だったと記憶している。四月一日の初便には、パラオの大統領夫妻、台湾大使夫妻、アメリカ大使夫妻までも同乗した。周知のとおり、アメリカと台湾は国交がない。限定的な「泡の中」

パラオパシフィックリゾート・プリスティンビラ

とはいえ、米中関係が緊迫する昨今において、アメリカが台湾を公式に訪問した歴史的なトラベルバブルだったと思う。

旅行業界は、基本的にマスツーリズムで回っている。グアムや北マリアナ諸島のサイパンと同じカテゴリーで売られることの多いパラオだが、グアムやサイパンの方は、まさにこのマスツーリズムで成功してきた代表的な事例である。特にサイパンは、パラオの四分の一程度の面積しかない小さな島にもかかわらず、コロナ前の二〇一九年実績を見ると、来島者数はパラオの五倍以上である。アメリカのコモンウェルスであるサイパンは、実質アメリカ領とはいえども、外国資本や外国人就労者、観光客への規制が本国に比べて緩やかであった（二〇〇九年に本国と同じ規制が適用になったが）ことから、近隣のアジア諸国にとっては親しみやすいリゾート地であった。日系の航空会社で行き、日本企業が経営し、日本人スタッフがいる、日本人のためのリゾート、これがサイパンであったが、まさに日本のマスツーリズムの典型といえる。これに対して、パラオは、そもそもチャーター便による旅行が主流であった。コロナ以前も、定期就航の航空会社はユナイテッド航空一社だけで、売れる時期に、行きたい人がいる国から飛行機をチャーターして直行便を飛ばすことで成り立つ観光市場であった。

このチャーター旅行は、乗客あっての就航のため、航空会社にとってはリスクが低く、旅行会社にとっても需要のある時期だけ商品化することができる便利なものといえた。パラオのケースをもう少し観察すれば、いわばマスツーリズムが成立する前段階ともいえ、チャーター旅行による商品化はホテルなどに大きな投資をする前の市場調査だったともいえる。

実際、二〇一四年から二〇一五年にかけて、香港、マカオからのチャーター旅行が激増し、宿泊施設、食料、下水などキャパシティの問題や環境破壊が懸念され、当時の大統領が減便を要請したこともあった。要するに、ここでパラオはマスツーリズムを拒否したのである。施設が足りなければ投資や貿易を促進してマスツーリズムの土台を築いてきた、グアムやサイパンの例を考えると、パラオが同じ道を選ばなかったのは意外にも感じられる。

ただ、当時、食料や日用品の価格高騰、ゴミや下水などキャパシティの問題ばかりではなく、下水を海に垂れ流すようなホテルが建設されたり、密漁した魚を調理するレストランが現れるなど、傍若無人な海外資本が多く、オーバーツーリズムの実態は深刻な状況であった。コロナ以前に、環境破壊、モラルや犯罪のリスクを見て、パラオ側から規制を発する必要があったといえる。

今回のトラベルバブルもまたチャーター旅行である。コロナの感染拡大防止のため、参加者にも、過去の渡航歴のチェックや検査結果が陰性であることなどの条件があり、パラオ入国後も、指定されたホテルへの宿泊、特定されたツアーのみへの参加、感染防止トレーニングを受けた事業者による接受だけなど、厳しく管理された行程の下に置かれた。これが、はたして旅行として楽しいのかという点はさておき、少なくともコロナ禍において、旅ができるという可能性を広げたことは間違いない。

二〇二一年の四月から続けられてきた台湾とパラオのトラベル

バブルだが、同年八月にパラオ初の陽性者が確認され、そこからコロナが広まったことにより、現在（二〇二一年五月の段階で）は中止になっている。状況に応じて中止できるといった機動性も、確かにチャーター旅行の利点かもしれない。ただ、パラオの視点で考えると課題も残っている。第一に、観光客が現地で使うお金が少ないこと。利益が現地に還流していないことは、以前からも指摘されていたが、チャーター化のうえに、特定の事業者だけしかかかわれないとなると、経済は同じところを回るだけ。

台湾とパラオのトラベルバブルに関していえば、この閉鎖性が社会を分断した。閉鎖性により、経済効果が思ったほど広がらなかったこともあり、むしろ、わざわざ感染の危険を冒してまで観光客を受け入れる必要はないと考える市民も少なくなかった。

実は、その経済的な損失をも顧みず、コロナの感染拡大防止のため、空港を閉鎖したことに対して、沖縄やハワイからは賞賛の声が上がっていた。小さな島はどこでも、食料調達や下水処理の問題に加え、医療のキャパシティに限界がある。都市部では簡単に受けられる治療も、離島では船やヘリで搬送ということになってしまう。コロナ禍において、住民の不安は格別であろう。他方で、観光を生業にしている住民も多いから、来島者を制限することへのジレンマも共通する。では、なぜパラオは空港閉鎖といった英断ができたのだろうか。

それは、先にも触れたが、パラオがチャーター旅行の市場に慣れていたからではないかと私は考える。ダメな時期には中止し、良くなったら再開する、パラオの旅行業界はこの考えに慣れていたように思う。コロナ以前にも、大統領が減便を要請したように、パラオ自らが来島者の数を制限した先例もあった。とはいえ、完全な空港閉鎖を長期にわたって続けることは不可能であり、「ウィズ・コロナ」をどのように実施するかを迫られたのは、パラオも他の島と同じであった。

パラオの住民は、すでにほぼ一〇〇％に近いワクチン接種率を誇る。四回目の接種さえ始まっている。接種は任意であるものの、副作用などデメリットよりも、ワクチン接種のメリットを考える人がほとんどである。台湾とパラオのトラベルバブルが始まった当初ですでに七〇％以上の接種率があり、観光客を受け入れる特定の事業者にいたっては全員が接種済みであった。

パラオのこのような経験は、マスツーリズムにはできないリスクヘッジが可能ではないだろうか？　ただ、トラベルバブルがあったとて、パラオの旅行業界は今も瀕死である。観光客のいないゴールデンウィークも三回目だ。感染拡大防止を実現できたトラベルバブルにヒントを得て、個性的なチャーター旅行がどんどん来てくれると嬉しい。パラオの観光資源は海という解放空間で、離島の無人島にあるカープアイランドリゾートや、プライベートコテージ型のパラオパシフィックリゾートのプリスティンビラなど、人との接触をあえて最小限にする楽しみ方も、リゾートの王道なのだから。

（ルルケド薫）

Ⅴ　地方自治体が主導する観光による地域活性化

トラベルジップの使命

弊社は観光を通じて地域活性化を行う会社ですが、そのお相手は大半が地方自治体で、活性化の方法はベンチャー企業らしく、かなり特化させています。

実施している事業は第一に、その地域に合った観光戦略を立案すること、第二にその戦略に沿った観光ＷＥＢサイトを構築すること、第三にそれを運営するための観光人材育成をするという三点のみです。

著書『私、Ｂ級観光地プロデューサーです！』

ＷＥＢサイトの「制作会社」は数多くありますが、その上流工程である観光ＷＥＢ戦略を作ってから着手する会社はほぼ存在しません。我々がそれを必要と感じているのは、ＷＥＢサイトはそれ自体を綺麗に仕上げることが目的なのではなく、地域に観光消費をもたらす存在でなくてはならず、その作戦は地域によって全く違ってくるからです。家を建築する時に置き換えると明解ですが、誰が住むのか？ということを想定して間取りやレイアウトを考えるわけであり、育ち盛りのサッカー少年が三人いる家庭と、老夫婦二人だけの家では当然理想とするその家のレイアウトは大きく異なるはずです。誰が住むのか？と同じことを、観光戦略においては誰を、どの魅力で呼ぶのか？ということに置き換えて考えるとわかりやすいと思います。そして、完成したＷＥＢサイトは作り終わった時点からが本当のスタートであり、季節に応じてのメンテナンスが必要なのは言うまでもありません。

通販サイトでもスーパーマーケットでも、春になると花粉症対策、夏は紫外線やクール対策といったように、箱は同じでも中身をどんどん変化させていきます。観光の場合は、お花ひとつ取ってみても、梅→桜→紫陽花→薔薇→ひまわり→紅葉→樹氷といったように移り変わっていきます。大きな流れでは、卒業旅行→春休み→ＧＷ→夏休み→シルバーウイーク→ハロウイン→クリスマス→カウントダウンと次々と変化しますので、各シーズンによって特にＰＲしたいものを観光客が行先を検討する時期までにきちんと準備する必要があります。

インターネット出現前

さて、インターネットが出現するまでは、観光の担い手はほぼ旅行会社や航空、鉄道会社などでした。

別の章でも紹介されていますが、観光地のＰＲ、テーマに特化した大きなイベントも彼らによって企画され、宣伝、集客までを担ってくれていたのです。しかし、インターネットが出現し、宿泊施設や各種チケットがダイレクト販売されるようになると、そのビジネスモデルは大きく変化し、観光客は旅行会社を通さずで自ら手配が可能になり、その影響で旅行会社は大きな影響を受けました。自治体にとっても地域を宣伝してもらうには、旅行会社に営業に行ってお願いをすればよかった時代は終わり、地方自治体が自らそれを担わなければならなくなったのです。

インターネットによってこれまでのビジネスモデルが一気に変わったのは観光業界だけではありませんが、従来の手法が通用しなくなってしまった、ということは自治体にとっては大きな負担になりました。地域で良く言われる「ここは水が素晴らしい」「人があったかい」「ここから見る夕焼けは日本一」といった観念的な強みをマス媒体で伝えたところで何の変化も起きませんので、誰に何を伝えるか、が大切になってきます。カニが一番おいしいときに行きたい、ラベンダーが一番きれいなときに行きたい！　などは最大公約数の方が求めるコンテンツですが、観光事業者はそういった旬な時だけではなく、年間を通じての集客が必要ですので、一般的なニーズとは違った客層を求める作戦も実施しなくてはなりません。

例えば、泳げない冬の沖縄に海水浴客は行きませんが、安定した風が吹く冬はウインドサーファーにとっては非常に魅力的です。ゴルファーも炎天下の夏の沖縄よりも、二〇度前後と過ごしやすい冬の方がプレーしやすいでしょう。「焼き物」「陶芸」ファンも季節はほとんど関係がありませんので、一般のお客様のニーズと異なる季節に陶器市などを開催すれば、うまく観光客を分散化できるはずです。

今後の観光地づくりは、一か所で一〇〇人集める超人気観光地を作るのではなく、一〇か所で一〇人ずつ一〇〇人集め、その一〇人の類友を連れてきてもらう観光地へ変化するスタイルが必要になります。つまり、〝そこそこ〟の場所を複数保有する作戦です。

ウインドサーファーもゴルファーも焼き物ファンも、一般観光客よりは人数は少ないですが、旅にテーマを持っている以上、その周囲には必ず類友がいますし、リピートする可能性を大いに秘めているので、ここを発掘する必要があるのです。

つまり、特定のターゲットを狙うにはその客層が検索するキーワードはどんなものか？　検索したときに何番目に表示されるのか？　これをインターネットの世界ではＳＥＯ（Search Engine Optimization）と言います。そして検索した結果が表示されるランディングページのクオリティが高いことも重要になります。これをＬＰＯ（Landing Page Optimization）と言います。我々が観光ＷＥＢサイトで大切にしているのはまさにこのふたつなのです。

一回で三万円落としてくれるお客様はありがたいですが、

一回五千円でも同行者を多々紹介し、毎年来訪してくれる方の方が観光地への貢献度は高く、生涯価値は高くなります。
簡単に言えば、観光WEBサイトをきっかけに「常連を作ること」です。

地方自治体が気を付けたいポイント

話は変わりますが、地方自治体が陥りやすいポイントをお話しておきます。

①形式だけの組織連携

観光客に来ていただくためには現地で何をして楽しんでいただくか？ということが必要になり、単体の自治体で誘致するよりは複数の自治体がタイアップして展開した方がメリットは高いのは事実ですが、あまりに広域の自治体が数多く集まってしまうと会議ばかり多くなり、施策決定、実施が遅くなります。

また大手航空会社や旅行会社と自治体が提携するニュースがあちこちで出ておりますが、それまでも航空路線が存在し、旅行商品を作っていたわけですので、提携した後、どこまで踏み込んで何を実行するのか？その予算はどちらが出すのか？などを曖昧なまま進めてしまうとあまり効果を出せないケースもあります。

また、組織ができてから、その地区の方針をプロポーザル形式で募って民間に提案してもらう、というケースが多いですが、これでは成功しません。一番大切な戦略策定を丸投げするのは避けましょう。組織を作る以上、基幹戦略や達成する目標は組織を立ち上げる段階で完成していなくてはならず、その時にはその地域のリーダーが批判を恐れず、決断し、リミットを切って実施することも必要です。

②大河ドラマ、世界遺産などの誘致

「大河ドラマ」、「世界遺産」の誘致は成功すれば、それなりに注目され、効果を出すことはできますが、毎年のように新しいところが出てくるわけですので、何年もの間、継続的に注目してくれるわけではありません。

しかし、これを誘致するためには大変な労力を伴い、選定される可能性は極めて低いのが実態ですので、観光誘客のためにこれを実施するのであれば、費用対効果はあまり高いとは言えないと思います。誘致した後どのように活用するのかを想定しておく作業は、ある意味皮算用にもなりますのでほとんど実施されておらず、誘致された後に問題になることが多いのが実態です。

沖永良部島の「西郷どん」ロケ地

もちろん「大河ドラマ」放送

を観光活性化の〝きっかけ〟としながらも、中長期的な観光戦略をきちんと計画（Plan）し、実行（Do）し、進捗をチェック（Check）して次の改善行動（Action）に繋げた自治体もあります。

例えば高知市。観光素材としての「坂本龍馬《さかもとりょうま》」は超一流です。そして大河ドラマ「龍馬伝」は二〇一〇年（平成二二年）に放送され、その効果で同年高知市を訪れた観光客数は初めて三〇〇万人を超え過去最高となりました（約三二七万人）。

高知市が二〇一一年に策定した「高知市総合計画」の中には二〇一七年の大政奉還一五〇年、そして二〇一八年の明治維新一五〇年などの節目を見据えた観光戦略が含まれていました。二〇一七年には「志国高知　幕末維新博」をスタートさせ同年、観光客数は二〇一〇年を超えて約三三〇万人となりました。「やはり、坂本龍馬か！」と思われるでしょうが、あちこち分散させず、ひとつの魅力を多面的に活用して集客するのもひとつの「正解」ではないでしょうか。

また「世界遺産」については、きちんと保存しないとタイトルのはく奪もありますし、これに関わる申請やコストも大きな負担になり、「資産」になると思いきや、運営するという側は「負の遺産」を背負い込んでしまう危険性もあるのです。実際、二〇〇四年に世界文化遺産に登録されたドイツ東部にある「ドレスデン・エルベ渓谷」のように、ドレスデン市街周辺の交通渋滞解消を優先しエルベ川に新しい橋を架けたことにより二〇〇九年に世界遺産リストから抹消された例もあります。

③便利な場所に大きな〝ハコモノ〟を作る

地域の目玉としてハコモノを作る、ということもあると思いますが、これなら集客は間違いない！というものであればぜひ周遊を促すため、あえて〝交通の便の悪い場所〟に誘致することも大切だと思います。

例として「美ら海《ちゅらうみ》水族館」（沖縄県国頭《くにがみ》郡本部《もとぶ》町）「大和《やまと》ミュージアム」（広島県呉《くれ》市）を挙げてみます。美ら海水族館は那覇空港からバスで約三時間も走った本部半島《もとぶはんとう》にあり、現地での見学時間を含めると、日帰りではちょっと厳しい距離にあります。しかしその途中にはビーチ沿いに並ぶリゾートホテルや様々な観光地があるため、観光客は美ら海水族館を目的地としながら、その途中にある観光地も楽しみ、観光消費に繋がっています。

一方、大和ミュージアムは呉駅から徒歩五分の場所にあるので、一見便利なようには見えますが、エリア内Ｎｏ１の観光地が駅近にあるため、そこだけ見て帰ってしまい、地元に落ちるのは入場料だけ、という状態が見受けられます。車で一〇分程度走りますが、戦艦大和を建造したドックもまだ残っており、近くには海上自衛隊の潜水艦と護衛艦がイカリを下ろしている「アレイからすこじま」もありますので、こういった場所に建てたほうが、呉市内の回遊を促し、滞在時間も伸び、かつての戦艦大和と現在の呉の姿を対比してより学べるスポットになったはずです。

「観光客」を呼ぶことだけでなく、観光消費をもたらすこと

観光による地域活性化は、具体的に分解してみると「ランチ」「夕食」「宿泊」「朝食」「アクティビティ」「お土産購入」に分類されます。その中で自動的に「夕食」「朝食」もセットで付いてくる「宿泊」は貢献度が高く、その動機になる「ライトアップ」「イルミネーション」「朝霧」「蛍」「星空」などのPRは重要で、夕食で食べてみたい地元グルメの開発は最優先事項と言えます。自治体によっては「ネギがうまい」「タケノコが最高」という素材PRに熱心な場所もありますが、ネギやタケノコを観光客がそのまま〝かじる〟わけではありませんので、「〇〇ネギの炭火焼丼」「〇〇タケノコ御飯」のような地元の名称を付けたメニューを開発し、実際に現地で食べられる環境を複数店舗で作ることが大切です。そして「わが町はタケノコ料理が自慢」と紹介するだけでなく、それをどこで食べられるのか、どこの店が一番おいしいか、今いるところから徒歩何分で行けるのか、などの情報を観光客に伝えることが必要なのです。

反面、観光素材が豊富ではない場合には、個人観光客をあきらめて団体・法人団体誘致に舵を切るのも必要な決断といえます。「ロケ撮影誘致」「スポーツ・文化系合宿誘致」「会議・コンベンション」「教育旅行」「クルーズ誘致」などが主な素材となりますが、長野県菅平《すがだいら》でのラグビー合宿誘致、北九州市によるロケ撮影誘致などは、ある意味一般観光客を最優先にせず、特定の分野に特化して成功した事例と言えます。

合宿誘致の成功で有名なのは宮崎県です。二〇一九年（令和元年）の宮崎県観光入込客統計を見ると、宮崎県には年間約二四〇〇万人の観光客が訪れています。県内には高千穂峡《たかちほきょう》（高千穂町）、鵜戸神宮《うどじんぐう》（日南市《にちなんし》）、西都原古墳群《さいとばるこふんぐん》（西都市《さいとし》）、青島《あおしま》（宮崎市）など有数の観光地があり、周辺にも霧島温泉《きりしまおんせん》などキラーコンテンツが目白押しです。当然、観光客の流れや宿泊地は分散化しています。

読売巨人軍の宮崎春季キャンプに代表されるように一年中温暖な気候の宮崎は昔からスポーツ合宿にはピッタリの地です。特に宮崎市は宮崎空港から車で二〇分と近く、宮崎市を全国区にした巨人軍のキャンプが一九五九年からスタートしました。この年の前年には長嶋茂雄《ながしましげお》が入団、この年に王貞治が加わっていたので宮崎市の知名度は大きく上がりましたが、やがてプロ野球のキャンプは海外や沖縄の島々へ分散。そこでシーガイアをはじめ多くのホテル・旅館があること、野球場や

侍ジャパンも合宿に訪れた　提供：宮崎県

サッカーグラウンドが多数あることなどを活かして宮崎市を中心に様々なスポーツの合宿を誘致することを観光活性化の方針としたのです。一九九三年くらいからプロ野球は巨人、楽天など七球団、さらには韓国の野球チームなどを誘致し、二〇一五年・二〇一九年にはラグビーワールドカップの日本代表も合宿をしました。マイナーなスポーツの合宿には助成金もあるので、プロスポーツだけでなくアマチュアスポーツの合宿も増えてきました。

　結果として宮崎県の発表では二〇一九年には一〇〇〇を超える団体が合宿し、延べ参加人数は一六万人以上。合宿を見学に来るファンの消費を含む経済効果は一二四億円。宮崎キャンプの模様は全国ネットのテレビで放映され新聞記事として掲載されそのＰＲ効果は六八億円と推計されています。二月頃の寒い時期にキャンプの模様がテレビ中継されますが、明るい陽光や半袖のファンやレポーターの姿は誘客力がありますよね。

トライアスロン・ナショナルチームの合宿
提供：宮崎県、日本トライアスロン連合

　残念ながら宮崎スポーツ合宿もコロナ禍には勝てず、二〇二〇年度の経済効果は約一四億円と九割減となったようです（宮崎県発表）。コロナ禍により見学者の激減が原因で地方経済、地方観光産業への大きなダメージを示す数字のひとつでもあります。一方で合宿を行った団体数は約六〇〇と四割の減少に止まっています。宮崎観光の関係者の長年にわたる取組みの賜物ですが、多くのスポーツの団体や選手にとってスポーツ合宿の最適地・宮崎は健在のようです。

　観光、観光産業、ツーリズムの範囲は広いです。いわゆる観光客にこだわらず自分の町に合ったテーマとターゲットを見つけて、限りある予算をそのために使うことが成功への近道だということがわかります。

手段と目的を混同しない

「イマドキ」のことに惑わされず、内部で本質の勉強をする必要があります。

　最近だと「ＡＩ」「ＳＤＧｓ」「ＤＸ化」「デジタルマーケティング」「ＬＧＢＴ対応」などがトレンドワードになっており、それらの〝実施ありき〟で動く傾向があります。本来の目的は観光消費拡大のはずなのに、ＡＩを導入することなどが目的化してしまうのは良いことではありません。

　例えば、ＡＩ（チャットボット）。二四時間対応・多言語対応ができることにより観光ＰＲのために導入する自治体も増えていますが、観光ＷＥＢサイトの中には人間が行うタスク（業務）をコンピュータに事前学習させるディープラーニングを実施せずにデビューしたＡＩ（チャットボット）も多々存在しています。ＡＩの導入費、ランニングコストがかかる上に、

AⅠでは解決できず、結局人間が返答するような実態も多く見受けられます。これでは本末転倒ですね。

英会話に置き換えると、英語を話すことによってコミュニケーションがスムーズにはなりますが、何の勉強もせず、話題が乏しい人とは会話が盛り上がらず、コミュニケーションの本質の達成にはなりませんので、英会話能力より前に学ぶべきことがあるのと少し似ています。

観光消費額を高めるには

ここからは弊社が観光WEBサイト構築のお手伝いをし、拙著『私、B級観光地プロデューサーです！』（ワニ・プラス）でも書かせていただいた自治体の取組みをふたつご紹介しましょう。

①三重県鳥羽《とば》市

三重県鳥羽市の「海女小屋体験」は二〇一八年度の「産業観光まちづくり大賞」の金賞に輝いたり、すっかり有名になりました。鳥羽市周辺では昔から海女さんたちが獲ったサザエや牡蠣などを〝浜売り〟していましたが、その値段は牡蠣一キログラム一〇〇〇〜二〇〇〇円程度。そこで一工夫。元々あった海女小屋（海女さんが漁で疲れた体を休めたり、火を焚いて体を温める小屋）の中央にある囲炉裏で海女さんが焼いてくれる新鮮な魚介類を本人の話を聞きながら食べることができるお店を作りました。伊勢志摩を訪れる観光客の目的のひとつは獲れたての新鮮な魚介を堪能すること。それを食べるだけでも満足ですが、海女さんと話をしたり、写真を撮ったりの付加価値を付けたわけです。料金はひとり四〇〇〇円前後に上がりました。単価の高い伊勢海老やアワビは別料金で追加ができます。楽しい雰囲気の中で食も進み、消費単価も上がりますよね。そしてSNS映えもして、多くの外国人も訪れるようになりました。二〇一七年にはその数九万人となりました。

伊勢志摩海女小屋
提供：伊勢志摩観光コンベンション機構

「産業観光まちづくり大賞」では「日本ならではの海女文化と観光との融合」として高く評価されたようです。また鳥羽市では高齢化が進む海女さんの存在を今後も守っていこうと「海女のまち条例」まで制定されました（二〇一八年）。

「新鮮な魚介」と「海女さん」というもともと地元にあったものの組合せで見事に成功した例です。

②広島県竹原市

二〇一七年、私は広島県竹原《たけはら》市から観光消費拡大コンサルタント業務を任されました。竹原市は江戸時代前期に塩や酒づくりで栄えた豪商のお屋敷などの古い町並みも魅力的です。

しかし最初に私が目を付けたのが市の忠海《ただのうみ》港から船で約一五分のところに浮かぶ大久野島《おおくのしま》でした。周囲四㎞のこの島は、日本の化学兵器製造拠点として毒ガスの製造が行われ、戦争中は秘密の島として地図からも消されていました。その島が地元の小学校で飼われていたうさぎを島に放した結果、繁殖し（諸説あり）「うさぎ島」と呼ばれるようになっていました。うさぎの数は約七〇〇羽。女性を中心に海外からもうさぎ好きが集まり、その数、年間三〇万人。唯一無二の観光素材です。ところが調べてみると、うさぎ目当ての観光客は市内でランチも食べず、お土産も買いません。一人当たりの観光消費額はわずか四〇〇円ほど。ペットボトル一本とうさぎの餌２袋分という程度でした。

ランチ・お土産・ＳＮＳ向けの写真撮影・宿泊などにうさぎを絡めて、経済効果を上げられないか？　竹原市の職員の方と忠海港近くの商店街を回り、うさぎにちなんだメニューの開発や盛り付けのお願いをしました。最初は無反応でしたが、根気よく回った結果、ある和菓子屋さんが「竹原市が盛り上がるなら」とうさぎの焼印を押した可愛い焼き菓子を新たに作り、パッケージも一新、店舗内も工夫してくれました。ついにはうさぎランチ＆カフェメニューを一六軒揃えることができました。また宿泊対策としてはうさぎグッズに囲まれた「うさぎルーム」を市内のあるホテルが展開してくれました。この「うさぎ尽くし」は各メディアも取り上げてくれて、女性客は街中の「うさぎメニュー」をＳＮＳでアップ。その賑わいを取材にテレビ局が取材に来る、という好循環も生まれました。

大久野島のうさぎ

商店街の16店舗が参加した
うさぎランチのメニュー

一部では害獣と思われていたうさぎが、竹原市にとっての観光活性化の資源となったわけですが、観光活性化の目的が観光消費額のアップだけではなく、地域・町全体の活性化、一体化につながることもおわかりいただけると思います。

観光人材育成

観光業界も常識がどんどん変化し、トレンドが移り変わるのも早くなります。しかし、繰り返しとなりますが本質は「ランチ」「夕食」「宿泊」「朝食」「アクティビティ」「お土産購入」を増やして一般観光消費を高めることです。そのためには、具体的な作戦（Plan）を決めて、実行するスケジュールを決めて、実行（Do）、検証（Check）、改善（Action）のフローを構築していくことです。それぞれの地域が、その魅力に合致した具体的な作戦を練ること、そして必ず実行すること、すべてはここから始まると思います。そして一般観光では無理だと判断した場合には、団体・法人団体誘致に舵を切り、その中のジャンルを決めること、優先順位を付けて具体的に、継続的に対策を実施することなのではないでしょうか。

インバウンド戦略も同じです。

「我々の地域は特に観光素材がないので、お隣の県の世界遺産を見学に来たドイツ人の夕食と宿泊を獲得することを目指そう！」

「単価の高いゴルフ客、とりわけ直行便もあり頻度が期待できる韓国のゴルフ客に徹底的にターゲットを絞って対策を打とう！」

こんなレベルの具体的な作戦がまずは必要なのです。そして実行することです。自治体の観光戦略は各方面に気を使って、色々なものを盛り込み過ぎの傾向があり、結局優先順位がわからなくなり、全て中途半端になることが多いのです。スモールスタート、クイックサクセスを目指しましょう。そのためには「観光人材育成」が大きなポイントであることがおわかりいただけると思います。正しいことをきちんと学習し、適性な予算で実施すること、手段と目的を混同しない判断力、そして組織として動くわけですので、それを周囲の方にわかりやすく伝える力を備えた人材です。もしそういった人材が地元で不在だ、ということであれば、ぜひ我々に依頼してください。観光による地方創生が実現するのであれば、喜んで対応します。

憎まれ役で上等

そのために私たちも学習、学習の連続です。基本的なマーケティング手法、インターネット関連サービスや製品の最新知識などを学習し、クライアントである地方自治体との定期的な勉強会も欠かせません。また、最初は地方自治体担当者の方が「今までやってきたこと」を否定したり、「わが町の一番」だと自慢してきた観光素材を「それ全国で一番ではないですよ」と指摘したりもしました。またWEBサイトの構築を予算内で収めるために従来やってきたことをやめてしまう決断も必要で、その場の空気が重たくなったことが何度もありました。

でも私たちは憎まれ役で上等なのです。そのような議論からその地に合った効率的な観光戦略とそれに基づくWEBサイトの構築が始まると思っているからです。

地方自治体が主導する観光による地域活性化についてはそのノウハウの歴史が浅く、どの地区もまだ手探りの状態であることは間違いありません。

我々の役割は、自治体毎に正しいことを提言し、長期にわたって観光消費拡大に貢献できる仕組みを作ることです。

これまでも、そしてこれからもこの本質を追求していく事業を展開することがミッションだと感じています。

（大泉　敏郎）

コラム

日本最南西端の島々の交流型ツーリズム

沖縄に伝わる「ニライカナイ」信仰。海の向こうにはカフヌスマ（果報の島）がある、というものだ。泡盛やパイナップル、マンゴーなどの特産品やミンサー織等の伝統工芸品。更に伝統行事で使われる神々の面を眺めていると、本土と石垣島が飛行機で結ばれる以前は、黒潮に乗ってたくさんの文化と生活の交流があったのだろうと想像をかきたてられる。

私が育った石垣島は、八重山諸島《やえやましょとう》の空の玄関口。亜熱帯の原生林に覆われ二〇二一年夏に世界自然遺産に登録された「西表島《いりおもてじま》」、日本最南端の最果ての島「波照間島《はてるまじま》」、海底遺跡に浪漫がかきたてられる日本最西端の国境の島「与那国島《よなぐにじま》」をはじめとする個性溢れる一二の有人島と多くの無人島があり、石垣島を拠点に船で島々へ訪れる「アイランドホッピング」を楽しむことができる。豊かな自然と守り続けられている伝統文化や芸能、独自の食文化、その地に暮らす人々との触れ合いが観光の魅力となっている。

西表島のマングローブ

石垣島と沖縄本島は約四一一km離れており、お隣の外国である台湾とは約二五〇km、台湾との距離が約一一一kmの与那国島に於いては肉眼で見える日もあるほどの近さである。一八九六年から一九三七年まで石垣島が台湾と同様に日本との時差が一時間あったことからもその近さを実感することができる（西部標準時）。

台湾と八重山諸島の交流が盛んになったのは、一九三〇年代に石垣島に台湾からの移住者がパイナップルの種苗と水牛での農作業を広めたことからはじまっており、石垣島からも当時日本の植民地であった台湾に向かう者が多かった。太平洋戦争の最中では石垣島から台湾へ疎開する者も少なくなかった。祖父も生前子供たちと共に台湾での思い出の地を巡る旅をしていた。

沖縄の日本本土復帰後は、行政間の姉妹都市締結により子供たちの教育分野や友好親善訪問での相互交流がスタートし、台湾と八重山諸島の繋がりは更に深くなっていった。一九九五年には石垣空港初の国際チャーター便として台湾桃園《タオユエン》国際空港と石垣空港を結ぶ航空便が就航。翌年には、台琉友好親善ヨットレースがはじまり、石垣島と台湾をヨットで行き交う交流が現在も続いている。また、台湾基隆《キールン》からのクルーズ船が一九九七年に石垣港に初入港したことで観光を目的とした往来が加速度的に増加した。台湾からの観光客の視点で石垣島の魅力は、古くからの関係性や共通した気候や食文化もあるが、何よりも台湾から一番近くて気軽に訪れることのできる「日本」が体験できること。珊瑚礁に囲まれた青い海、ビーチリゾートへの憧れである。

沖縄県の統計によると二〇〇五年の台湾からの石垣クルーズの

実績が一万五四四九人、二〇一三年に新石垣空港が開港し、国際線の就航も徐々に増し、二〇一九年の台湾からの入域客数は八万五二〇三人となった。内、空路での入域客数は七九三五人、国内外航空路線の約〇・五％であることから空路利用を強化したいところである。

南ぬ島石垣空港国際線ターミナル

　コロナ禍三年目に入り、尚も国際線の運休が続く中、いよいよ二〇二二年の三月に南ぬ島石垣空港の国際線ターミナルビルディングがリニューアルオープンする。二〇一三年に開港した新石垣空港に併設されていた以前の国際線ターミナルが非常に手狭だったため、建て替え工事を行ったのだ。竣工式の当日には桃園国際空港との記念チャーターフライトを行いたかったのだが、二〇二二年一月現在の感染者状況を鑑みると諦めざるを得ない。コロナ明けすぐに動き出すためにも、国や県、八重山諸島の各自治体が連携し、国際線復旧への体制を整えていくことが重要である。

　コロナ禍に於いて不要不急と扱われてしまった「旅行」。沖縄本島より近い台湾を訪れることのできない期間が未だ続いている。オンラインネットワークの環境も整い、各観光地の魅力を伝えるプログラムも充実してきたが、やはり、旅は現地を訪れてこそ。アフターコロナの旅は「会いに行く旅」からスタートするのかもしれない。私も状況が落ち着いたら台湾嘉義《ジャーイー》市に住む友人に会いに行きたいと思っている。もちろんおいしいグルメも美しい景観も堪能したい。

　昨今推進されているツーウェイツーリズムも台湾と八重山諸島であれば進めやすいと思われる。各々の行政の協調関係を更に強化し、各種団体や航空会社・受入観光業者、マスコミとタイアップして持続的に相互交流できる観光プログラムをアフターコロナに向けて創り上げていきたい。

（赤城　陽子）

コラム

区界のボーダーツーリズム
——東京都荒川《あらかわ》区の場合

私の住む東京都荒川区は、台東《たいとう》区、文京《ぶんきょう》区、墨田《すみだ》区、北区、足立《あだち》区と区界を接しています。地図を眺めていると小道が区界になっている事例が色々な場所に見受けられます。昨今流行りの着地型観光の王道は、町歩きと言われています。歴史や文化、食など、古地図を基に現在の地形と比較して巡っていく小旅行は、募集するとすぐに満員になる人気を博しています。

便宜上分けられた区界は、そこを境にして見える景色が大きく違うことはありません。人工的に分けられた境もともとは川が流れていたりするものですが、古くからの氏神様の町会は、ふたつの区域に分かれてしまっていることも少なくありません。区界を巡る旅、まさしく、小さな小さなボーダーツーリズムではないでしょうか？

日暮里《にっぽり》駅の南側は、台東区と文京区、そして荒川区が入り込んでいます。

北区王子付近で石神井川《しゃくじいかわ》から分かれた谷田川《やたがわ》が、まさしく区界であり、今は暗渠になっていますが、へび道という蛇行を繰り返す道が上野不忍池《うえのしのばずいけ》まで注いでいます。また、日暮里《にっぽり》駅から台東区との区界も川の暗渠です。この川も王子の石神井川から分かれた音無川《おとなしがわ》の跡で、その名残は駅前の消防署の名前、音無川出張所というものもあります。この音無川は、三ノ輪《みのわ》で常磐《ときわ》線にぶつかると三方向に分かれて、最終的には、隅田川に注ぎます。

浅草寺 雷門
提供：観光情報総合研究所 夢雨

東京、江戸の町並みは、徳川家康《とくがわいえやす》の江戸開府まで、現在の山手線が走る崖の上までが陸地で崖下は湿地帯であったり、海の中に浮かぶ小島でありました。高台の小山を切り崩し、その土で埋め立てられた新たな土地には縦横に水路が張り巡らされていたわけです。当時の江戸は、大阪以上に舟運が発達した町でした。古文書を読み解くと、荒川区内には区界にならずとも小さな川の暗渠である小道が多数存在することも判ります。

ボーダーは、人が作り上げたものです。しかし、ボーダーをオーバーラップする人の営み（交流）は、境の右も左も変わりません。そんなことを思いつつ、町歩きをしていると新しい発見が見つかることも少なくありません。そんな町歩き、続けて行きたいものですね。

合羽橋本通り
提供：観光情報総合研究所 夢雨

そして、もうひとつ、人工的に作られたボーダーを巡る旅を……荒川区には都内唯一がふたつあります。

ひとつは、東京都交通局が運営する都電です。もうひとつは、二三区唯一の区営遊園地、あらかわ遊園です。あらかわ遊園のあった西尾久《にしおぐ》のこの場所は、かつて温泉が湧き出ており、大人の遊技場で、三業地もありました。今年、コロナ禍で廃業した割烹料亭もあった場所です。都電は専用軌道が多かったために全廃を逃れた都内唯一の公営軌道です。ある意味、町を分断するボーダーです。また、遊園地は、日常と非日常を分けるボーダーと言えます。このふたつをうまく活用することによって、区内での交流人口は拡大するものと考えますが、荒川区には、観光協会もＤＭＯもありません。隣接区の観光協会の活動を見せていただくと羨ましい限りです。

都電とスカイツリー
提供：観光情報総合研究所 夢雨

改装オープンしたあらかわ遊園地の敷地まで都電が延伸されたら、遊園地はもっと活性化するのではないだろうか。また隅田川を利用して、川から入園することもできます。区外から誘客する方法にルールはありません。多岐にわたる二次交通の活用も可能な珍しいコンテンツです。ボーダーは、人が作り上げたものだから、容易に変えることができるはずです。一番大切なことは、その変える勇気です。

今がそのチャンス、広域連携を推進することによって、ボーダーレス化することが、今の東京の観光には必要なことだと思う今日この頃です。

（中村 修）

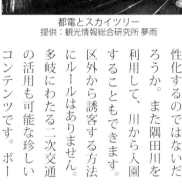

編集後記

本ブックレットのシリーズは、北海道大学スラブ・ユーラシア研究センターの境界研究ユニット（ＵＢＲＪ）を軸に、実社会への貢献のための様々な研究プロジェクトの成果をもとに毎回、編まれている。とりわけ、今回のツーリズムに関する企画は、ＵＢＲＪのみならず、自治体連携の組織として一〇周年を迎えた境界地域研究ネットワークＪＡＰＡＮ（ＪＩＢＳＮ）及び境界地域の動向に関心を寄せる企業や市民を糾合したＮＰＯ法人国境地域研究センター（ＪＣＢＳ）のこれまでのツーリズムに関わる活動の賜物ともいえる。また、これまでのテーマと異なり、ほぼ全員が研究や執筆を必ずしも生業としない方ばかりにご寄稿いただき、大変な労力を割いていただいたことに改めてお礼申し上げたい。また、本シリーズを一〇年にわたり育ててくださった、編集者の今中智佳子さんには感謝の言葉もない。

例年のことだが、ブックレットの刊行を踏まえて、その一部を北海道大学総合博物館の展示のコンテンツとしている。今回のブックレット編集にあたり、ＡＮＡ総研の小林史武さん、宮交ホールディングスの福元美和子さん、宮崎県庁の谷本隆さんを通じて、貴重な資料や写真を数多く提供いただいた。記して感謝申し上げたい。今年の秋の展示替えとして、ＡＮＡと宮崎交通からお借りした写真、ポスター、観光に関わるグッズを軸とした構成を準備しているところだが、本ブックレットでは使えなかった数多くの貴重な資料をぜひ入館者に堪能していきたいと考えている。

ブックレット・ボーダーズも次号ではや一〇号となる。国際情勢などを鑑み、「内なるボーダーツーリズム」を当面は特集していきたい。前号の奄美に続いて、次号は果たして日本のどの地域になるのか？　どうぞお楽しみにお待ちください。

（境界研究ユニット）

ブックレット８号の「奄美」がいっぱい

JIBSN10周年記念展示コーナー

※本書は、スラブ・ユーラシア研究センターのプロジェクト「国際的な生存戦略研究プラットフォームの構築」及び同センターが拠点を担う人間文化研究機構グローバル地域研究事業「東ユーラシア研究」の成果の一部でもある。

発地（居住地）から見た宿泊旅行先ランキングと構成比

	延べ宿泊者数	1位		2位		3位		4位		5位		5位までのシェア	6位		7位		8位		9位		10位		10位までのシェア	隣接県数	域内・隣接県シェア
		都道府県名	構成比	都道府県名	構成比	都道府県名	構成比	都道府県名	構成比	都道府県名	構成比		都道府県名	構成比	都道府県名	構成比	都道府県名	構成比	都道府県名	構成比	都道府県名	構成比			
北海道	3,278,717	北海道	62%	東京都	10%	千葉県	7%	沖縄県	3%	大阪府	3%	85%	京都府	2%	神奈川県	2%	宮城県	1%	静岡県	1%	広島県	1%	92%	0	62%
青森県	464,096	東京都	22%	青森県	22%	千葉県	11%	岩手県	9%	宮城県	6%	70%	北海道	5%	大阪府	4%	秋田県	3%	神奈川県	3%	京都府	3%	88%	2	34%
岩手県	621,213	岩手県	49%	東京都	13%	千葉県	10%	宮城県	8%	青森県	3%	83%	神奈川県	2%	大阪府	2%	京都府	2%	北海道	2%	秋田県	1%	92%	3	61%
宮城県	1,658,867	宮城県	43%	東京都	11%	千葉県	10%	岩手県	7%	北海道	3%	74%	福島県	3%	大阪府	3%	山形県	2%	神奈川県	2%	京都府	2%	86%	4	55%
秋田県	373,144	東京都	20%	秋田県	16%	千葉県	13%	岩手県	11%	宮城県	10%	70%	青森県	4%	神奈川県	3%	北海道	3%	山形県	2%	大阪府	3%	85%	4	43%
山形県	524,456	山形県	27%	東京都	17%	宮城県	14%	千葉県	12%	神奈川県	3%	73%	大阪府	3%	新潟県	3%	岩手県	3%	福島県	2%	北海道	2%	86%	4	49%
福島県	913,153	福島県	31%	千葉県	13%	東京都	12%	宮城県	7%	栃木県	4%	67%	北海道	4%	神奈川県	3%	新潟県	3%	沖縄県	3%	群馬県	2%	82%	6	47%
茨城県	979,305	千葉県	13%	茨城県	12%	東京都	11%	栃木県	8%	沖縄県	5%	49%	群馬県	5%	神奈川県	4%	北海道	4%	宮城県	4%	京都府	4%	70%	3	33%
栃木県	781,661	栃木県	24%	千葉県	13%	東京都	10%	群馬県	6%	沖縄県	5%	58%	神奈川県	4%	宮城県	4%	京都府	4%	北海道	3%	大阪府	3%	76%	4	30%
群馬県	789,747	群馬県	28%	千葉県	12%	東京都	10%	沖縄県	6%	神奈川県	4%	60%	新潟県	4%	京都府	4%	栃木県	3%	長野県	3%	大阪府	3%	77%	5	38%
埼玉県	2,716,388	千葉県	12%	東京都	9%	群馬県	7%	沖縄県	7%	栃木県	6%	41%	神奈川県	6%	大阪府	5%	北海道	5%	京都府	5%	静岡県	5%	67%	6	13%
千葉県	2,672,901	千葉県	25%	東京都	9%	沖縄県	6%	大阪府	6%	神奈川県	5%	51%	北海道	5%	京都府	5%	群馬県	4%	静岡県	4%	栃木県	3%	72%	3	34%
東京都	16,023,589	東京都	25%	北海道	8%	千葉県	8%	沖縄県	7%	大阪府	6%	54%	神奈川県	5%	京都府	5%	静岡県	4%	長野県	3%	新潟県	2%	73%	4	38%
神奈川県	4,404,995	神奈川県	20%	千葉県	10%	東京都	8%	静岡県	8%	大阪府	6%	52%	沖縄県	6%	京都府	6%	北海道	5%	長野県	3%	群馬県	2%	74%	3	36%
新潟県	1,133,018	新潟県	37%	東京都	14%	千葉県	11%	群馬県	4%	宮城県	3%	69%	神奈川県	3%	京都府	3%	長野県	2%	大阪府	2%	沖縄県	2%	81%	5	43%
富山県	449,135	東京都	14%	石川県	13%	千葉県	12%	富山県	11%	大阪府	10%	60%	京都府	5%	岐阜県	3%	長野県	3%	神奈川県	3%	愛知県	2%	76%	4	30%
石川県	624,463	石川県	34%	東京都	12%	千葉県	10%	大阪府	9%	京都府	4%	69%	沖縄県	2%	兵庫県	2%	神奈川県	2%	愛知県	2%	長野県	2%	79%	3	34%
福井県	366,130	福井県	22%	東京都	12%	大阪府	11%	千葉県	10%	石川県	9%	64%	沖縄県	4%	京都府	4%	兵庫県	3%	静岡県	2%	滋賀県	2%	79%	4	33%
山梨県	361,669	東京都	15%	千葉県	14%	山梨県	14%	静岡県	11%	神奈川県	5%	59%	沖縄県	5%	長野県	4%	京都府	4%	大阪府	3%	北海道	3%	78%	5	34%
長野県	942,930	長野県	24%	東京都	15%	千葉県	14%	群馬県	4%	静岡県	4%	61%	神奈川県	4%	沖縄県	3%	京都府	3%	大阪府	3%	新潟県	3%	77%	8	35%
岐阜県	843,667	岐阜県	19%	千葉県	12%	東京都	11%	愛知県	6%	大阪府	6%	54%	沖縄県	5%	静岡県	5%	長野県	4%	兵庫県	3%	三重県	3%	74%	7	32%
静岡県	1,701,536	静岡県	30%	千葉県	13%	東京都	11%	京都府	6%	神奈川県	4%	64%	大阪府	4%	沖縄県	3%	愛知県	3%	北海道	3%	長野県	2%	79%	4	39%
愛知県	4,193,488	愛知県	15%	千葉県	14%	東京都	10%	静岡県	6%	大阪府	5%	50%	沖縄県	5%	岐阜県	4%	北海道	4%	三重県	3%	長野県	3%	69%	4	31%
三重県	765,250	三重県	19%	千葉県	13%	東京都	10%	大阪府	7%	愛知県	4%	53%	沖縄県	4%	兵庫県	4%	京都府	3%	北海道	3%	静岡県	3%	70%	6	26%
滋賀県	700,018	滋賀県	30%	千葉県	10%	東京都	8%	兵庫県	6%	大阪府	5%	59%	沖縄県	4%	京都府	3%	石川県	3%	和歌山県	3%	北海道	3%	75%	4	33%
京都府	1,431,319	京都府	19%	東京都	11%	千葉県	9%	兵庫県	8%	滋賀県	8%	55%	大阪府	6%	沖縄県	4%	北海道	3%	和歌山県	3%	三重県	3%	74%	6	44%
大阪府	5,968,189	大阪府	19%	兵庫県	10%	東京都	9%	千葉県	8%	沖縄県	6%	52%	和歌山県	5%	北海道	5%	滋賀県	4%	三重県	3%	鹿児島県	3%	72%	4	34%
兵庫県	2,746,101	兵庫県	33%	東京都	10%	千葉県	9%	大阪府	7%	沖縄県	4%	63%	北海道	3%	京都府	3%	和歌山県	3%	滋賀県	2%	広島県	2%	76%	4	43%
奈良県	608,720	千葉県	10%	兵庫県	10%	東京都	10%	大阪府	8%	奈良県	8%	46%	和歌山県	6%	三重県	5%	沖縄県	5%	滋賀県	4%	京都府	4%	70%	4	31%
和歌山県	446,833	和歌山県	40%	大阪府	10%	東京都	8%	千葉県	7%	兵庫県	6%	71%	京都府	3%	沖縄県	3%	北海道	3%	滋賀県	2%	三重県	2%	84%	3	52%
鳥取県	192,054	鳥取県	19%	東京都	13%	大阪府	11%	兵庫県	10%	千葉県	7%	60%	広島県	5%	京都府	5%	島根県	3%	沖縄県	2%	神奈川県	2%	77%	4	37%
島根県	234,115	島根県	19%	東京都	13%	大阪府	11%	広島県	10%	千葉県	6%	59%	兵庫県	5%	京都府	5%	山口県	4%	福岡県	3%	鳥取県	3%	79%	3	36%
岡山県	654,874	東京都	12%	千葉県	10%	大阪府	9%	兵庫県	7%	岡山県	7%	45%	沖縄県	5%	北海道	5%	広島県	4%	京都府	4%	福岡県	3%	66%	3	18%
広島県	1,259,052	広島県	17%	東京都	13%	大阪府	9%	千葉県	8%	山口県	5%	52%	兵庫県	5%	福岡県	4%	京都府	4%	鹿児島県	4%	愛媛県	4%	73%	4	22%
山口県	493,552	山口県	23%	東京都	12%	福岡県	9%	千葉県	7%	大阪府	7%	58%	広島県	5%	長崎県	4%	京都府	4%	鹿児島県	3%	熊本県	3%	77%	3	37%
徳島県	240,843	東京都	14%	大阪府	12%	兵庫県	10%	千葉県	8%	北海道	6%	50%	徳島県	6%	沖縄県	4%	愛媛県	4%	京都府	4%	香川県	3%	71%	3	13%
香川県	409,145	香川県	14%	東京都	12%	大阪府	10%	兵庫県	6%	千葉県	6%	48%	愛媛県	5%	高知県	4%	沖縄県	4%	北海道	4%	福岡県	4%	69%	2	19%
愛媛県	452,668	愛媛県	20%	東京都	14%	大阪府	10%	千葉県	7%	兵庫県	5%	56%	広島県	4%	京都府	4%	香川県	4%	沖縄県	3%	北海道	3%	74%	3	24%
高知県	243,489	高知県	20%	東京都	16%	大阪府	13%	千葉県	7%	兵庫県	6%	62%	京都府	5%	愛媛県	4%	香川県	3%	北海道	3%	沖縄県	2%	79%	2	24%
福岡県	2,621,447	福岡県	21%	東京都	12%	鹿児島県	7%	千葉県	7%	大阪府	7%	54%	長崎県	6%	沖縄県	6%	熊本県	5%	北海道	4%	京都府	4%	79%	4	26%
佐賀県	250,150	佐賀県	14%	東京都	11%	福岡県	10%	長崎県	9%	鹿児島県	8%	52%	千葉県	8%	大阪府	6%	熊本県	5%	沖縄県	4%	京都府	3%	78%	2	33%
長崎県	400,359	長崎県	23%	福岡県	15%	東京都	12%	千葉県	7%	鹿児島県	6%	63%	大阪府	5%	熊本県	5%	佐賀県	3%	京都府	3%	沖縄県	3%	82%	1	26%
熊本県	560,949	熊本県	16%	東京都	13%	鹿児島県	9%	福岡県	9%	千葉県	7%	54%	長崎県	7%	大阪府	7%	沖縄県	4%	京都府	4%	北海道	3%	79%	4	34%
大分県	385,942	大分県	21%	東京都	13%	福岡県	13%	千葉県	8%	大阪府	6%	61%	長崎県	5%	鹿児島県	4%	熊本県	4%	京都府	4%	沖縄県	3%	81%	3	38%
宮崎県	382,052	宮崎県	22%	鹿児島県	14%	東京都	12%	福岡県	11%	千葉県	8%	67%	大阪府	5%	熊本県	5%	長崎県	3%	沖縄県	3%	大分県	2%	85%	3	43%
鹿児島県	636,265	鹿児島県	37%	東京都	11%	福岡県	9%	大阪府	7%	千葉県	7%	71%	熊本県	5%	長崎県	4%	京都府	3%	宮崎県	2%	沖縄県	2%	87%	2	44%
沖縄県	626,714	沖縄県	50%	東京都	13%	千葉県	8%	大阪府	6%	熊本県	3%	80%	福岡県	3%	北海道	2%	京都府	2%	鹿児島県	2%	神奈川県	1%	90%	0	50%
国外	9,994,020	東京都	39%	大阪府	12%	千葉県	11%	北海道	7%	京都府	6%	75%	神奈川県	3%	福岡県	3%	愛知県	3%	沖縄県	3%	兵庫県	2%	89%	-	-

（網掛け）は各都道府県内

※観光庁ホームページ、宿泊旅行統計調査より

年・月	ツーリズム関連の主な出来事	日本人出国者数・ 訪日外国人数の推移
2020年　1月 3月 4月	新型コロナウイルスの感染拡大 東京オリンピック・パラリンピックの延期決定 全国に緊急事態宣言（第1回目）発令	**❗イベントリスク** **新型コロナウイルスパンデミック** 日本人出国者数 3,174,219人 (前年伸率：▲84.2%) 訪日外国人数　4,115,828人 (前年伸率：▲87.1%)
2021年　2月 7月 10月	新型コロナウイルスのワクチン接種開始 東京オリンピック開幕 「北海道・北東北の縄文遺跡群」・「奄美大島、徳之島、沖縄島北部及び西表島」が世界遺産登録	**❗イベントリスク** **新型コロナウイルスパンデミック（2年目）** 日本人出国者数　512,200人 (前年伸率：▲94.0%) 訪日外国人数　245,862人 (前年伸率：▲83.9%)
2022年　1月 2月	新型コロナウイルス感染が長期化 ロシアがウクライナ侵攻開始	

参考

・『数字が語る旅行業 2021』一般社団法人日本旅行業協会（JATA）広報室、2021 年
・日本政府観光局（JNTO）統計データ https://www.jnto.go.jp/jpn/statistics/

年・月	ツーリズム関連の主な出来事	日本人出国者数・ 訪日外国人数の推移
2005年　2月 3月 7月 10月	中部国際空港開港 愛知万博開幕 中国人訪日用の団体観光査証発給対象が中国全土へ拡大 バリ島で連続自爆テロ発生	
2006年　2月	神戸空港開港	
2007年　5月 8月 10月	アジア・ゲートウェイ戦略会議が最重要項目10を発表 関空第２滑走路の併用開始（２４時間空港へ） 観光庁設立	
2008年　9月	リーマンブラザーズ破綻。世界的な金融不安	**❗イベントリスク** **リーマンブラザーズ破綻** 日本人出国者数 15,987,250人 (前年伸率:▲7.6%) 訪日外国人数　8,350,835人 (前年伸率: 0.0%)
2009年　4月 7月	新型インフルエンザ発生 中国訪日個人観光査証発給開始	**❗イベントリスク** **世界同時不況** **新型インフルエンザ** 日本人出国者数 15,445,684人 (前年伸率:▲3.4%) 訪日外国人数　6,789,658人 (前年伸率:▲18.7%)
2010年　1月 4月 10月 12月	日本航空、企業再生機構による支援決定 アイスランドの火山噴火の影響で欧州等の空港閉鎖・航空便欠航 羽田空港新国際線旅客ターミナル供用開始 東北新幹線全線開通	
2011年　2月 3月 6月	ニュージーランド地震発生 東日本大震災(福島第１原子力発電所事故発生) 「小笠原諸島」が世界遺産登録	**❗イベントリスク** **東日本大震災** 日本人出国者数 16,994,200人 (前年伸率:2.1%) 訪日外国人数　6,218,752人 (前年伸率:▲27.8%)
2012年　3月 5月	国内初のＬＣＣ「Peach Aviation」の初便就航 東京スカイツリー開業	
2013年　3月 12月	新石垣空港開港 「和食：日本人の伝統的な食文化」がユネスコ無形文化遺産登録	
2015年　1月 4月 11月	スカイマークが民事再生法適用を申請 成田空港第３ターミナルがオープン パリで同時多発テロが発生	**訪日外国人数と** **日本人出国者数が逆転** 日本人出国者数 16,213,789人 (前年伸率:▲4.1%) 訪日外国人数　19,737,409人 (前年伸率:47.1%)
2016年　3月 4月 11月 12月	ベルギーで同時多発テロが発生 北海道新幹線（新青森～新函館北斗）開業 熊本地震発生 米大統領選でトランプ氏勝利 ＩＲ推進法（特定複合観光施設区域の推進に関する法律）成立	**訪日外国人数が** **2,000万人を超える。**
2017年　2月 11月	プレミアムフライデー開始 エジプトのモスクで爆弾テロ発生	
2018年　6月 9月	民泊新法（住宅宿泊事業法）施行 「長崎と天草地方の潜伏キリシタン関連遺産」が世界遺産登録 北海道胆振東部地震発生	**訪日外国人数が** **3,000万人を超える。**
2019年　1月 8月 9月	国際観光旅客税（出国税）導入 日韓問題により訪日旅行減少 トーマス・クック経営破綻/ラグビーワールドカップ日本大会開催	**日本人出国者数が** **2,000万人を超える。**

年・月	ツーリズム関連の主な出来事	日本人出国者数・訪日外国人数の推移
1987年　4月	国鉄分割民営化	
11月	日本航空民営化	
1988年　3月	青函トンネル開通	
4月	瀬戸大橋開通	
7月	宮崎・日南海岸リゾート構想(シーガイアなど)等が総合保養地域整備法(リゾート法)の適用(第1号)	
1990年　4月	国際花と緑の博覧会(大阪市)で開幕	**日本人出国者数が1000万人を超える**
1991年　1月	湾岸戦争	**❗イベントリスク** **湾岸戦争** 日本人出国者数10,633,777人 (前年伸率:▲3.3%) 訪日外国人数　3,532,651人 (前年伸率: 9.2%)
1992年　7月	山形新幹線開業	
1993年　12月	「屋久島」「白神山地」「姫路城」「法隆寺地域の仏教建造物」が日本で初めて世界遺産登録	
1994年　9月	関西国際空港開港	
12月	「古都京都の文化財」が世界遺産登録	
1995年　1月	阪神淡路大震災発生	
11月	一般旅券の有効期間10年に	
1996年　12月	「原爆ドーム」「厳島神社」が世界遺産登録	
1997年　3月	秋田新幹線営業開始	
10月	北陸(長野)新幹線営業開始	
1998年　2月	冬季オリンピック長野大会開催	**❗イベントリスク** **平成不況** 日本人出国者数 15,806,218人 (前年伸率:▲5.9%) 訪日外国人数　4,106,057人 (前年伸率: ▲2.7%)
9月	スカイマークエアラインズ就航	
12月	北海道国際航空(エア・ドゥ)就航	
	「古都奈良の文化財」が世界遺産登録	
2000年　6月	日中両国政府、中国から日本への団体観光旅行の解禁合意	
7月	九州・沖縄サミット開幕	
12月	「琉球王国のグスク及び関連遺産群」が世界遺産登録	
2001年　9月	米国同時多発テロ事件発生	**❗イベントリスク** **米国同時多発テロ事件** 日本人出国者数 16,215,657人 (前年伸率: ▲9.0%) 訪日外国人数　4,771,555人 (前年伸率: 0.3%)
10月	米軍、アフガニスタン空爆開始	
2002年　5月	サッカーワールドカップ日韓大会開幕	
6月	エア・ドゥが民事再生法適用を申請	
10月	バリ島でテロによる爆発事件発生	
	日本航空と日本エアシステムが経営統合	
2003年　1月	観光立国宣言	**❗イベントリスク** **イラク戦争・SARS** 日本人出国者数 13,296,330人 (前年伸率:▲19.5%) 訪日外国人数　5,211,725人 (前年伸率: ▲0.5%)
3月	イラク戦争勃発	
4月	重症急性呼吸器症候群(SARS)による中国渡航制限	
2004年　10月	羽田空港第2旅客ターミナルオープン	
12月	スマトラ島沖地震による津波によりインド洋沿岸諸国に大きな被害	

年・月	ツーリズム関連の主な出来事	日本人出国者数・訪日外国人数の推移
1952年 4月	サンフランシスコ平和条約発効	
12月	日本ヘリコプター輸送株式会社設立(ANAの前身)	
1953年 8月	日本航空株式会社　設立	
1954年 2月	戦後国際線第一便就航 (日本航空　羽田=ホノルル経由=サンフランシスコ)	
1957年 2月	全日本空輸株式会社(ANA)設立	
1964年 4月	海外観光旅行自由化(外貨持ち出し制限:1人1回500ドル)	**東京オリンピック開催** 日本人出国者数　127,749 人 訪日外国人数　352,832 人
10月	東海道新幹線(東京〜新大阪)営業開始	
	東京オリンピック開催	
1966年 2月	全日空機事故(東京湾)	
3月	カナダ太平洋航空機事故(羽田空港)	
	英国海外航空機事故(静岡県御殿場市上空)	
11月	全日空機事故(松山沖)	
1968年	宮崎ハネムーンブームがピークに	
1970年 5月	日本万国博覧会開催(大阪)	**日本万国博覧会・大阪開催** 日本人出国者数　663,467人 訪日外国人数　854,419人
7月	日本航空　ジャンボジェット(B747)太平洋路線に就航	
10月	国鉄「ディスカバージャパン」キャンペーン開始	
1971年 5月	旅行業法公布(11月施行)	
7月	東亜国内航空「ばんだい号」函館横津岳事故	
	全日空雫石事故	
1971年 2月	冬季オリンピック札幌大会開催	
3月	山陽新幹線(新大阪〜岡山)営業開始	
5月	沖縄本土復帰	
10月	日本航空モスクワ事故	
1973年 11月	第1次オイルショック	
1975年 7月	沖縄国際海洋博覧会開幕	
1976年 2月	ロッキード事件	
1977年 9月	日本航空クアラルンプール事故	
1978年 5月	新東京国際空港(成田)開港	
1980年 9月	イラン・イラク戦争勃発(第2次オイルショック)	**❗イベントリスク** **イラン・イラク戦争** **第2次オイルショック** 日本人出国者数 3,909,333人 (前年伸率:▲ 3.2%) 訪日外国人数　1,316,632人 (前年伸率:18.3%)
11月	川治プリンスホテル火災	
1981年 5月	宿泊施設の防火基準適合表示制度(通称「適マーク」制度)制定	
1982年 2月	日本航空羽田沖事故	
	ホテルニュージャパン火災	
6月	東北新幹線(大宮〜盛岡)営業開始	
11月	上越新幹線(大宮〜新潟)営業開始	
1983年 4月	東京ディズニーランド(千葉)開業	
9月	大韓航空機撃墜事件	
1985年 3月	国際科学技術博覧会(現つくば市)開幕	**❗イベントリスク(1986年)** **プラザ合意(円高)** 日本人出国者数 4,948,366人 (前年伸率:10.3%) 訪日外国人数　2,061,526人 (前年伸率:▲11.4%)
8月	日本航空123便事故(御巣鷹山)	
9月	プラザ合意(以降、急速な円高と低金利政策)	

執筆者一覧

伊豆 芳人：ボーダーツーリズム推進協議会 会長
株式会社トラベルジップ スーパーバイザー

中村 修 ：観光情報総合研究所 夢雨 代表

矢島 節子：ニュージーランド政府観光局 日本・韓国地区マーケティング部長

大泉 敏郎：株式会社トラベルジップ 代表取締役社長

岩下 明裕：北海道大学スラブ・ユーラシア研究センター 教授
専門はボーダースタディーズ（境界研究・国境学）

コラム

ルルケド 薫：パラオ在住フリーランスライター

赤城 陽子 ：石垣島ビーチホテルサンシャイン 総支配人

※表紙写真 提供：ささやめぐみ、ピクスタ、岩下明裕、中村修

ブックレット・ボーダーズ No.9

ツーリズム 未来への光芒

2022年9月10日 第1刷発行

編著者 伊豆芳人

発行者 木村崇

発行所 特定非営利活動法人 国境地域研究センター
〒460-0013 名古屋市中区上前津2丁目3番2号 第一木村ビル302号
tel 050-3736-6929 fax 052-308-6929
http://borderlands.or.jp/ info@borderlands.or.jp

発売所 北海道大学出版会
〒060-0809 札幌市北区北9条西8丁目北大構内
tel. 011-747-2308 fax. 011-736-8605
http://www.hup.gr.jp/

装丁・DTP編集 ささやめぐみ
印刷 (株)アイワード

ISBN978-4-8329-6884-4

好評発売中!

ブックレット・ボーダーズ　第8号

知られざる境界のしま・奄美

平井 一臣　編著

B5判・並製・84頁・¥900E

「エメラルドグリーン」「アマミノクロウサギ」「黒糖焼酎」「闘牛」「鶏飯」。魅力いっぱいの奄美群島。
バラエティでディープな境界のしま・奄美は薩摩と琉球の間で揺れ動く。島々の歴史と現在を現地の眼差しから。

第2号〜7号 発売中!!

第2号「見えない壁」に阻まれて── 根室と与那国でボーダーを考える　B5判・並製・80頁・¥900E
第3号 稚内・北航路 ── サハリンへのゲートウェイ　B5判・並製・64頁・¥900E
第4号 日常化された境界 ── 戦後の沖縄の記憶を旅する　B5判・並製・64頁・¥900E
第5号 マラッカ海峡 ──シンガポール、マレーシア、インドネシアの国境を行く　B5判・並製・72頁・¥900E
第6号 世界はボーダーフル　B5判・並製・64頁・¥900E
第7号 知っておきたいパラオ── ボーダーランズの記憶を求めて　B5判・並製・60頁・¥900E

発行元 特定非営利活動法人 国境地域研究センター　発売元 北海道大学出版会　※最寄りの書店にてご注文ください。

国境地域研究センターへの入会ご案内

Japan Center For Borderlands Studies　JCBS

一人でも多くのみなさまが会員に加わっていただき、
私たちと一緒に国境地域の将来を創造してくださることを期待します。
会員の方には本NPOが組織するイベントへ招待し、
NPOの刊行物など成果のご案内を随時、お届けいたします。

年会費	個 人	団 体
正会員	5,000円	20,000円

特定非営利活動法人
国境地域研究センター

[事務局] 名古屋市中区上前津2丁目3番2号
第一木村ビル302号　〒460-0013
Tel 050-3736-6929　Fax 052-308-6929
E-Mail: info@borderlands.or.jp

http://borderlands.or.jp/